STAIRS
SCALE

SILVIO SAN PIETRO - PAOLA GALLO

EDIZIONI L'ARCHIVOLTO

IDEAZIONE E CURA DEL PROGETTO **I** CONCEPT AND DEVELOPMENT
Silvio San Pietro

COORDINAMENTO EDITORIALE **I** EDITORIAL COORDINATION
Paola Gallo

TESTI **I** TEXTS
Paola Gallo

REDAZIONE **I** EDITING
Francesca Falletti
Paolo Fasoli
Paola Gallo

FOTOGRAFIE **I** PHOTOGRAPHY
Beppe Caggi, Santi Caleca, Tiziano Canu - Maria Luisa Bonivento, Manuela Cerri, Emilio Conti, Alessandro
Corsini, Paola De Pietri, Margherita Del Piano e Claudio Navone, Donato Di Bello, Edilco, Fausto Fabbri,
Alberto Ferrero, Olimpia Lalli, Giulio Oriani - Vega MG, Matteo Piazza, Alberto Emanuele Piovano, Paolo Robino,
Filippo Simonetti, Studio Ballo, Paolo Utimpergher, Paul Warchol, Gionata Xerra, Andrea Zani, Paolo Zitti

PROGETTO GRAFICO **I** GRAPHIC DESIGN
Imago (Marina Moccheggiani)
Silvio San Pietro

TRADUZIONI **I** TRANSLATIONS
Andrew Ellis

SI RINGRAZIANO **I** ACKNOWLEDGMENTS
Gli architetti e gli studi di progettazione per la cortese collaborazione e per aver fornito i disegni dei loro archivi
Si ringraziano inoltre per l'assidua e preziosa collaborazione Imago, Grafiche San Patrignano ed Euroteam.

We are grateful to the architects and designers who have kindly contributed to this project and have provided
drawings from their files. Thanks are also extended to Imago, Grafiche San Patrignano end Euroteam.

© Copyright 2002

EDIZIONI L'ARCHIVOLTO
Via Marsala, 3 - 20121 Milano
Tel. (39) 02.29010424 - (39) 02.29010444
Fax (39) 02.29001942 - (39) 02.6595552
www.archivolto.com - archivolto@archivolto.com

I edizione gennaio 2002

INDICE GENERALE   CONTENTS

INDICE PER MATERIALI I INDEX ON MATERIALS   6

PREFAZIONE I PREFACE (Paola Gallo)   8

SCALE I STAIRS   13

1	a MDL architectures - Michele De Lucchi	14
2	Aldrea	16
3	Ron Arad Associates	18
4	Ron Arad Associates	23
5	Ron Arad Associates	26
6	Asfour Guzy Architects	28
7	Daniela Bianchi, Alessandro Marcattilj	31
8	Calvi Merlini Moya	33
9	Emilio Caravatti	34
10	Marco Castelletti	37
11	Achille Castiglioni	43
12	Fabio Maria Ceccarelli, Michele Gasparetti	46
13	Marco Ciarlo	49
14	Eric Cobb Architects	51
15	Toni Cordero	53
16	Angelo Core, Ester Manitto	55
17	Duilio Damilano	58
18	Christian De Groote	62
19	Francois de Menil Architect	67
20	Jonathan De Pas, Donato D'Urbino, Paolo Lomazzi	68
21	Edilco	71
22	Edilco	73
23	Luigi Ferrario	78
24	Luigi Ferrario	82
25	Luigi Ferrario	84
26	Luigi Ferrario	86
27	Peter Forbes and Associates	88
28	GA Architetti Associati	91
29	Gabellini Associates	93
30	Gabellini Associates	96
31	Maria Giuseppina Grasso Canizzo	100
32	Gino Guarnieri	104
33	Krueck & Sexton Architects	106
34	Claudio Lazzarini, Carl Pickering	110
35	Claudio Lazzarini, Carl Pickering	114
36	Claudio Lazzarini, Carl Pickering	118
37	Roberto Lazzeroni	122
38	Gerhard Máhlknecht	123
39	Ico Migliore, Mara Servetto Architetti Associati	126
40	Andrea Milani	128
41	Rosanna Monzini	131
42	Moor Ferrari Gaggetta Architetti	134
43	Moro & Moro Architetti	137
44	Moro & Moro Architetti	138
45	Alan Gordon Morris	141
46	Fernando Casar Mosca	143
47	Kris Mys	144
48	Aldo Parisotto, Massimo Formenton	148
49	Aldo Parisotto, Massimo Formenton	151
50	Pauhof Architekten	154
51	Gaetano Pesce	156
52	Lee Harris Pomeroy & Associates	158
53	Geoffrey Powis	160
54	Smiljan Radic	162
55	Robbrecht & Daem Architecten	166
56	Marco Guido Savorelli	168
57	William Sawaya	170
58	Corrado Scagliarini	173
59	Smith and Thompson Architects	176
60	Smith-Miller+Hawkinson Architects	177
61	Spatium	180
62	Franco Stanghellini	182
63	Studio CBCR	187
64	Studio d'Architettura Simone Micheli	192
65	Studio d'Architettura Simone Micheli	196
66	Fabio Trentin	199
67	Fabio Trentin	202
68	Fabio Trentin	204
69	UdA ufficio di architettura	207
70	UdA ufficio di architettura	210
71	Edgar Vallora	212
72	Edgar Vallora	213
73	Vincent Van Duysen Architects	216
74	Patrizia Zanella	218
75	Andrea Zegna	220

SCHEDE TECNICHE I TECHNICAL DATA   224

FORNITORI I SUPPLIERS   235

PROGETTISTI I DESIGNERS   238

ACCIAIO | STEEL
4 Ron Arad Associates 23
17 Duilio Damilano 58
20 Jonathan De Pas, Donato D'Urbino, Paolo Lomazzi 68
33 Krueck & Sexton Architects 106
38 Gerhard Mahlknecht 123
47 Kris Mys 144
53 Geoffrey Powis 160

ACCIAIO e ALLUMINIO | STEEL and ALUMINUM
19 Francois de Menil Architect 67
27 Peter Forbes and Associates 88
57 William Sawaya 170

ACCIAIO e FERRO | STEEL and IRON
3 Ron Arad Associates 18
26 Luigi Ferrario 86

ACCIAIO e LEGNO | STEEL and WOOD
45 Alan Gordon Morris 141
49 Aldo Parisotto, Massimo Formenton 151
52 Lee Harris Pomeroy & Associates 158
55 Robbrecht & Daem Architecten 166

ACCIAIO e PIETRA | STEEL and STONE
68 Fabio Trentin 204

ACCIAIO e RAME | STEEL and COPPER
67 Fabio Trentin 202

ACCIAIO e VETRO | STEEL and GLASS
2 Aldrea 16
6 Asfour Guzy Architects 28
10 Marco Castelletti 37
63 Studio CBCR 187

ACCIAIO, MARMO e GESSO | STEEL, MARBLE and PLASTER
64 Studio d'Architettura Simone Micheli 192

ACCIAIO, LEGNO, MARMO e VETRO | STEEL, WOOD, MARBLE and GLASS
37 Roberto Lazzeroni 122

ALLUMINIO e LEGNO | ALUMINUM and WOOD
72 Edgar Vallora 213

CEMENTO | CEMENT
50 Pauhof Architekten 154
75 Andrea Zegna 220

CEMENTO e ACCIAIO | CEMENT and STEEL
44 Moro & Moro Architetti 138

CEMENTO e LEGNO | CEMENT and WOOD
18 Christian De Groote 62

CEMENTO e MARMO | CEMENT and MARBLE
73 Vincent Van Duysen Architects 216

CEMENTO e RESINA | CEMENT and RESIN
51 Gaetano Pesce 156

CEMENTO e VETRO | CEMENT and GLASS
60 Smith-Miller+Hawkinson Architects 177

CEMENTO, LEGNO e VETRO | CEMENT, WOOD and GLASS
42 Moor Ferrari Gaggetta Architetti 134

FERRO ▌IRON
8 Calvi Merlini Moya 33
11 Achille Castiglioni 43
16 Angelo Core, Ester Manitto 55
41 Rosanna Monzini 131
56 Marco Guido Savorelli 168
71 Edgar Vallora 212
74 Patrizia Zanella 218

FERRO e CEMENTO ▌IRON and CEMENT
12 Fabio Maria Ceccarelli, Michele Gasparetti 46
13 Marco Ciarlo 49
28 GA Architetti Associati 91
40 Andrea Milani 128

FERRO e LEGNO ▌IRON and WOOD
7 Daniela Bianchi, Alessandro Marcattilj 31
9 Emilio Caravatti 34
21 Edilco 71
24 Luigi Ferrario 82
25 Luigi Ferrario 84
31 Maria Giuseppina Grasso Canizzo 100
34 Claudio Lazzarini, Carl Pickering 110
39 Ico Migliore, Mara Servetto Architetti Associati 126
48 Aldo Parisotto, Massimo Formenton 148
58 Corrado Scagliarini 173

FERRO e MARMO ▌IRON and MARBLE
30 Gabellini Associates 96

FERRO e VETRO ▌IRON and GLASS
1 a MDL architectures - Michele De Lucchi 14
22 Edilco 73
35 Claudio Lazzarini, Carl Pickering 114
36 Claudio Lazzarini, Carl Pickering 118

FERRO, CEMENTO e LEGNO ▌IRON, CEMENT and WOOD
69 UdA ufficio di architettura 207

FERRO, LEGNO e VETRO ▌IRON, STEEL and GLASS
23 Luigi Ferrario 78

FERRO, MARMO e LEGNO ▌IRON, MARBLE and WOOD
46 Fernando Cesar Mosca 143

LEGNO ▌WOOD
32 Gino Guarnieri 104
54 Smiljan Radic 162
59 Smith and Thompson Architects 176
62 Franco Stanghellini 182

LEGNO e ACCIAIO ▌WOOD and STEEL
43 Moro & Moro Architetti 137

LEGNO e FERRO ▌WOOD and IRON
14 Eric Cobb Architects 51

LEGNO, ACCIAIO e VETRO ▌WOOD, STEEL and GLASS
65 Studio d'Architettura Simone Micheli 196
70 UdA ufficio di architettura 210

MARMO ▌MARBLE
29 Gabellini Associates 93

MARMO e VETRO ▌MARBLE and GLASS
61 Spatium 180

OTTONE ▌BRASS
5 Ron Arad Associates 26

PIETRA ▌STONE
66 Fabio Trentin 199

PIETRA, ACCIAIO e VETRO ▌STONE, STEEL and GLASS
15 Toni Cordero 53

*I progetti sono indicizzati facendo riferimento ai materiali che li caratterizzano con maggior evidenza.
*The projecs are indicated according to the caracteristics of the materials employed.

Con questa monografia dedicata alle scale viene inaugurata la nuova collana "Zoom" ideata da Silvio San Pietro per Edizioni L'Archivolto: una serie di volumi dal carattere internazionale che intendono focalizzare, come con una lente d'ingrandimento, significative componenti della progettazione architettonica approfondendo così l'indagine già intrapresa da tempo con le serie "Nuovi Ambienti Italiani" e "International Architectures & Interiors".

Come sempre accade quando si presta un'attenzione particolare a un oggetto e lo si analizza ingrandendolo, questo si rivela nella sua complessità e ricchezza: cosa che accade in questo volume che amplifica, anche grazie alla qualità delle immagini di grande formato, i contenuti linguistici, tecnici, materici di ogni progetto.

Prescindendo da ogni schematizzazione e classificazione di tipo manualistico, dalle destinazioni d'uso, dai relativi dimensionamenti o da vincoli normativi, questo libro, unico nel panorama dell'editoria italiana, raccoglie scale realizzate in vari contesti in quanto soluzioni significative sul piano strettamente progettuale indipendentemente dal grado di rappresentatività dell'edificio in cui sono collocate. La selezione dei progetti, operata appunto sulla base di un criterio volto a rintracciare intrinseci valori architettonici, evidenzia come sia nel caso di destinazioni pubbliche sia private le scale abbiano riconquistato un ruolo essenziale e organico all'interno della composizione generale o in quanto oggetti architettonici di per sé dopo una stagione durante la quale un certo funzionalismo un po' spinto le aveva relegate a puri elementi di servizio. Al di là dei materiali o delle tecniche utilizzati la scala sembra spesso considerata dai progettisti come un terreno di sperimentazione anche linguistica particolarmente stimolante, come una componente dell'architettura i cui contenuti funzionali, tipicamente utilitaristici, sono sottoposti a interpretazioni diversissime. L'impostazione analitica di questa monografia centra l'attenzione su tale aspetto restituendo la considerevole varietà delle soluzioni. Allo stesso tempo, qualora si prescinda da una visione puramente strumentale o manualistica, il repertorio di progetti rappresentati consente anzitutto un'osservazione: il senso di ogni soluzione rende superflua una classificazione tipologica o dimensionale che questo volume ha deliberatamente scelto di non operare; sembra cioè un po' sterile una lettura meramente tecnicistica e appare più interessante valutare il significato architettonico di volta in volta attribuito a ogni progetto. L'oggetto scala con il suo ruolo anzitutto funzionale, di collegamento graduale da una quota a un'altra, emerge come un condensatore di modi espressivi e linguaggi sostenuti da un notevole contenuto tecnico e tecnologico che tuttavia solo raramente è esposto come valore assoluto in sé. La consapevolezza compositiva propria di molti progettisti contemporanei e un certo disincanto rispetto a modelli più o meno autorevoli del passato anche recente induce un'effettiva libertà interpretativa molto produttiva sul piano dei risultati. Certo monumentalismo variamente espresso, caratteristico delle scale esterne d'accesso a edifici più o meno rappresentativi, cede il passo, quando si tratta d'interni, a una più vigorosa sperimentazione espressiva che appare la sintesi di un'acquisita maestria tecnica e di un cosciente, accurato e creativo impiego dei materiali. Così senza forzature di carattere ideologico materiali in qualche modo emblematici nell'architettura contemporanea come il vetro, l'acciaio, i metalli, il cemento a vista sono utilizzati in modo del tutto analogo, sul piano del metodo, a materiali più tradizionali come il legno o la pietra e cioè essenzialmente per la loro efficacia e congruenza rispetto al contesto o alle necessità funzionali ovvero, al contrario, per la loro funzione potenzialmente dirompente. Ciò consente di rintracciare alcune tendenze ricorrenti principalmente connesse alle scelte costruttive e materiche. Una spiccata volontà di aderire nelle soluzioni progettuali alla valorizzazione degli aspetti funzionali, tradotti nelle pur varie declinazioni formali, è rappresentata dalle scale nelle quali ci si avvale di lamine metalliche: gli spessori spesso molto sottili divengono in questi progetti l'elemento caratterizzante trasposto in un linguaggio che fa dell'essenzialità una cifra di riconoscimento. È il caso per esempio della vibrante scala che De Lucchi ha progettato per un negozio, dell'elegante silhouette di ferro arrugginito pensata per un appartamento ligure da Core e Manitto, del segno lucente realizzato da De Pas, D'Urbino e Lomazzi per una casa degli anni Trenta, del leggero collegamento in una villa vicino Bolzano di Mahlknecht, dello spettacolare nastro curvo disegnato da Mys per un'abitazione in Belgio, della sofisticata ristrutturazione di una casa di campagna di Parisotto e Formenton ma anche delle geniali piccole scale che caratterizzano uno spazio londinese ridisegnato da Powis o dell'inusitata soluzione studiata per uno showroom milanese da Savorelli, o ancora dell'ironico e colto trattamento che Vallora adotta nella conversione in abitazione di una cappella neogotica, dell'"origami" ritagliato da Patrizia Zanella o della scala circolare che in un edificio newyorchese serve i due livelli di una cupola belle époque. Soluzioni tutte diversissime per concezione e tecniche di realizzazione che mostrano la capacità dei progettisti di tradurre nella scala, in quanto architettura nell'architettura, intenzioni spiccatamente espressive tutte, a dispetto della leggerezza dei materiali impiegati, molto lontane dall'idea di una mimetizzazione rispetto ai caratteri degli ambienti in cui s'inseriscono e piuttosto volte ad affermare l'autonomia della scala come effettiva protagonista dello spazio. Intendimenti analoghi si possono rintracciare in quei progetti che scelgono la lamiera stirata o mandorlata, sebbene in una traduzione volutamente più scarna, meno preziosa: è il caso della piccola scala progettata in uno studio professionale da Calvi, Merlini, Moya, di quella bellissima studiata da un maestro come Achille Castiglioni per un negozio d'arredamento, delle soluzioni adottate da alcuni progettisti americani - che per le dimensioni degli spazi disponibili diventano potenti scenografie - o di quelle rigorose e coerenti articolate in una sorta di biblioteca verticale da Rosanna Monzini o da William Sawaya per il suo showroom milanese. E nell'ambito di una ricerca volta a rintracciare una visibile coerenza figurativa, formale e costruttiva, associati a un certo rigore espressivo, sono forse da leggere quei progetti che utilizzano il cemento a vista come strumento linguistico che rinnova e rivitalizza la tradizione del moderno: lo fa nella propria casa a Santiago De Groote in modo particolarmente suggestivo ma anche il gruppo Pauhof che lavora sul concetto di sospensione e gravità o gli americani Smith-Miller e Hawkinson o ancora il belga Van Duysen ma anche, in una curiosa e brillante versione escheriana, il gruppo GA in una cascina. Sul tema della sospensione delle masse operano poi anche tutti quei progetti che utilizzano il cemento, la pietra o altri materiali per comporre elementi a sbalzo, piccoli volumi formalmente autonomi che tratteggiano lo spazio: Toni Cordero ne dà una magistrale interpretazione in un negozio milanese così come fanno altri in ambienti domestici con soluzioni di notevole eleganza formale. E poi occorre segnalare la consistente propensione a lavorare sulla scala come condensatore di contenuti tecnologici che divengono strumenti espressivi superando una visione riduzionistica e un po' meccanicistica dell'estetica high-tech: in questa direzione vanno progetti come quello di Aldrea, le due scale di Castelletti o quella di Damilano o ancora i versatili sistemi costruttivi studiati per la produzione di serie da un'azienda come Edilco, la sofisticata realizzazione dello Studio CBCR o l'inventiva soluzione di UdA per un edificio industriale convertito in bar e ristorante. Una riflessione sulla scala in quanto connessione leggera e versatile all'interno di un contesto considerato come vincolo imprescindibile ma anche come occasione sperimentale è espressa da progetti intelligenti come quelli di Ferrario, di Ciarlo in un castello, di Scagliarini in una torre medievale, di Milani in uno straordinario palazzo senese ma anche da tutte quelle soluzioni che in ambienti domestici meno qualificati dal punto di vista storico perseguono l'idea della lievità e della fluidità applicando le più varie e accurate soluzioni costruttive e materiche. Accanto a questi progetti che sembrano muoversi entro i confini impliciti nel tema del collegamento verticale ve ne sono altri nei quali il dato saliente sembra essere l'interpretazione della scala come oggetto plastico, scultoreo, dichiaratamente sorprendente e scenografico, in fondo come opera d'arte più che come componente dell'architettura. Emblematici di questa visione sono gli stupefacenti progetti di Ron Arad, peraltro densi di raffinatezze costruttive e tecniche, o i naturalistici e irreali parapetti disegnati da Simone Micheli o ancora la massa rilucente e fessurata da crepe del parapetto/divisorio di Trentin in un'abitazione milanese ma anche, sia pure con metodi diversi, le provocatorie colate di colore di Gaetano Pesce. In questa direzione, dal punto di vista del risultato, merita una segnalazione particolare la straordinaria scala, tutta in legno a incastri, disegnata e realizzata da Stanghellini operando con metodi e criteri che rivisitano la tradizione rinascimentale come sintesi anzitutto artigianale di arte e tecnica. E poi la scala come invenzione spaziale nella quale la funzione strumentale è deliberatamente trasfigurata in un'espressione poetica è rappresentata da progetti come quelli di Lazzarini e Pickering che individuano innovativi elementi di riflessione sull'idea di volume.

Questa ricca e variegata rassegna mostra in modo evidente la complessità di un tema che forse emerge in questi termini proprio perché sottoposto a un'indagine ravvicinata e specifica che lascia affiorare valori compositivi, formali e tecnici dei progetti per solito subordinati a letture squisitamente tecnicistiche o in ogni caso riduttive rispetto al ruolo da protagonista che la progettazione contemporanea sembra assegnare a questa componente dell'architettura. Occorre poi osservare che i progetti qui proposti sono emblematici della sostanziale autonomia dei progettisti sia rispetto a modelli storici sia rispetto all'eventuale corrispondenza con le tendenze architettoniche più accreditate a favore di una puntuale aderenza alle specifiche necessità per come si manifestano caso per caso. L'oggetto scala sembra rappresentare un campo di riflessione autonomo sul piano del metodo e ciò si traduce in soluzioni che sono il frutto di una vivacissima creatività forse da esplorare con maggiore attenzione anche in relazione all'analisi critica sull'architettura contemporanea nel suo insieme. E in ciò consiste il contributo forse più interessante proposto da questo volume.

Paola Gallo

With this special monograph devoted entirely to stairs, the publishers Edizioni L'Archivolto inaugurate the new "Zoom" series conceived by Silvio San Pietro, a series of international scope that will turn its focus on specific aspects of architectural design, taking the argument one step further from the long-running series entitled "New Italian Environments" and "International Architectures & Interiors." As tends to happen when attention is concentrated on a particular theme and its features are analyzed in detail, the subject in question is revealed in all its complexity. Such is the case here with the present book, thanks to the high-quality photographs in large format, and its variegated study of the language, technical contents, and materials of each of the projects presented.

This book represents something of a novelty in Italian publishing, as it dispenses with the classic approach to a specific aspect of architecture, by which the subject matter is categorized like a manual according to destination, size or building restrictions. Instead, it aims to showcase an assortment of staircases realized in a wide variety of contexts purely on the basis of their design content, irrespective of the host building's size or status. The sheer range of projects discussed, whether they be intended for public or for private settings, is evidence of a renewed interest in stairs as an architectural feature in their own right, and a shift in perspective in which their design is no longer subordinated to more purely functional values. Irrespective of what materials or techniques may lie behind their creation, stairs and vertical linkage systems are emerging as a highly fertile ground for experimenting design language, and a vital component of architecture in which the functional contents, otherwise classically utilitarian, are discovered to be prone to astonishing variety of interpretations. At the same time, while the book avoids assuming a purely handbook-type format, it soon becomes clear from the repertoire of projects studied that to classify these stair systems by type or scale would anyway be superfluous. Consequently, instead of providing a sterile breakdown of the design, each project is assessed in terms of its input to and impact on the host architecture. Hence, in their role as a means of ascent and descent, stairs emerge as a condensation of visual grammar with a considerable technical and technological content, which is rarely foregrounded in the design. The keen self-awareness of certain prominent contemporary designers has given rise to some brilliant results in this area. The once cumbersome or monumentalizing style applied to outdoor staircases disappears when it comes to interiors, where there is more leeway for experimentation and expression exemplifying new expertise and an adept and creative handling of materials. Hence, setting aside preconceptions, materials that have long been emblematic of contemporary architecture such as glass, steel, metals, and raw concrete are employed with similar methods to more traditional materials such as wood, or stone, for the very reason that they spell efficiency and congruity with the context or functional necessities, or otherwise for their potential irrepressible function. What gradually comes to light are certain recurring trends in constructive methods and materials. One notices a distinct leaning toward the more functional aspects in the design of staircases made of sheet metal, albeit not without considerable variety of visual impact: the metal sections are pared down to the point of becoming the design's most characterizing element, in which economy of line becomes the key feature. This outlook can be seen in De Lucchi's striking staircase designed for a retail store, and again in the elegant silhouette of rusted metal for an apartment, by Core and Manitto; or in the gleaming stair system designed by De Pas, D'Urbino and Lomazzi for an apartment in a 1930s building; in the lightweight staircase for a villa near Bolzano by Mahlknecht; in the spectacular unfurling strip created by Mys for a home in Belgium; in the sophisticated rehabilitation project for a country house by Parisotto and Formenton; and likewise in the ingenious compact stairway redesigned by Powis for a place in London; in the striking solution dreamed up by Savorelli for a Milanese showroom; in the sapient irony of Vallora for a converted neogothic chapel; in the origami-style invention of Patrizia Zanella; or in the circular stairway installed in a building in New York to access its Art Deco dome. This broad panorama brims with invention in terms both of concept and of technology, exemplifying the architects' ability to use the staircase as an outlet for their personal expression, despite the lightness of the materials deployed, which steer clear of mimicking the features of their surroundings and instead advertise the star role of the staircase in the qualification of space. Similar attitudes can be detected in those projects that opt for flattened sheet metal, albeit in a deliberately leaner, less precious interpretation: witness the compact staircase designed for a professional studio by Calvi, Merlini and Moya; or the one devised by Achille Castiglioni for a furniture store; or the inventions of certain American designers – which owing to their scale become powerful theater sets – or those of a more rigorous and articulated nature, like Rosanna Monzini's which evolves into vertical library, or William Sawaya's staircase for a Milanese showroom. Elsewhere we find the quest for visible coherence between style, form and construction, not without a certain expressive rigor, particularly where raw concrete is used as a linguistic tool to resuscitate the modern tradition. Such is the case with Santiago De Groote's design for his own house; and the Pauhof group's striving for weightlessness and gravity; and the American architects Smith-Miller and Hawkinson's work; and likewise that of the Belgian Van Duysen; but also with startling Escher-like results the work of the GA group in a farmhouse. Busy probing the idea of the suspension of masses is the use of concrete, stone and other materials for neat jutting volumes ranged through space. A case in point is Toni Cordero's staircase for a shop in Milan, while others explore similar solutions of remarkable formal elegance in domestic settings. And then we should note the consistent trend of using the stair as a compendium of technological features that are exploited for expressive purposes and thereby overcome the somewhat mechanistic tone typical of high-tech design. Marking a step in this direction is the project by Aldrea, the two staircases of Castelletti, the one by Damilano, and the versatile construction systems devised for mass production by Edilco; the sophisticated results achieved by Studio CBCR; or the imaginative solution of UdA for a factory building converted into a bar and restaurant. In other situations, to overcome the hurdle of building restrictions an experimental approach is taken to devise staircases as subtle versatile units within the context; examples are those by Ferrario, by Ciarlo in a castle, by Scagliarini in a medieval tower, by Milani in a fabulous palazzo in Siena, but also those cases which in domestic settings of a less historically qualified sense pursue the idea of lightness and fluidity, applying a wide and accurate range of solutions for construction and materials. Alongside these projects, which all in all tend to comply with the definition implicit in the term "vertical linkage," there are others which lean toward a more sculptural form of expression and a marked plasticity, stressing their visual impact, openly declaring themselves as a work of art rather than an architectural feature. Epitomizing this approach we have the striking creations of Ron Arad with their dense offering of constructional and technical invention; the naturalistic and surreal banister designed by Simone Micheli; the billowing mass of gleaming metal proposed by Trentin in a Milanese townhouse; or, taking an altogether different angle, the provoking splashes of color of Gaetano Pesce. In this direction, from the point of view of the results, worth noting is the superb wooden staircase made with no metal parts whatever, designed and constructed by Stanghellini following methods and criteria that hark back to Renaissance tradition, in a peerless distillation of art and technique. Then comes the staircase seen as a spatial invention, in which its very function is transmogrified into a poetic expression, as seen in the projects of Lazzarini and Pickering, which probe the issue of volume.

This rich and variegated array of works shows up the complexity of its subject, and complexity appears to be the keyword, as this close-up inquiry has convincingly revealed the compositional, formal and technical values that are otherwise overlooked in books that approach the theme from the technician's viewpoint, therefore generally sidelining this particular architectural feature, which in this book takes a foreground role. Notably, the projects presented here are emblematic of the designer's considerable freedom to explore, to look back at past models and see their possible correspondences with leading architectural trends aimed at a close adherence to the specific needs arising in each case. The overarching theme here is the staircase as an object in its own right, the staircase as an independent area of research into method, which is expressed in solutions that are the fruit of a lively creative imagination and worth studying in relation to the critique of contemporary architecture as a whole. And it is this relationship that the present book successfully explores.

Paola Gallo

STAIRS SCALE

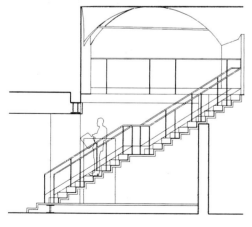

Prospetto / Elevation

Un raffinato utilizzo della lamiera piegata caratterizza questa scala pensata come un elemento dissonante, crudo, evidente, nella sua scarna essenzialità, all'interno di un negozio bolognese dove dominano superfici bianche.

Il materiale è impiegato per comporre una ricercata struttura autoportante costituita da due fogli sovrapposti, rinforzati al centro e tamponati ai lati, che definiscono la silhouette dei gradini. La lamiera inferiore, leggermente più larga, permette l'appoggio delle lastre di vetro antisfondamento, incorniciate da sottili telai di ferro, che costituiscono i parapetti. La loro trasparenza consente di apprezzare lo slancio elegante della scala enfatizzato dalla lucentezza fredda della lamiera ammorbidita e resa vibrante dalla finitura spazzolata.

Installed in an elegant fashion store in Bologna in which both wall and ceiling surfaces are finished in a uniform white, the distinguishing note of this staircase is its sophisticated use of bent sheet metal, whose rough-and-raw look expresses an intentional spareness of means.

The material is used to fashion a stylish self-supporting structure composed of two overlapping plates reinforced at the center and with a border that provides the stairs' silhouette. The lower plate, slightly wider, accommodates the individual plates of shatterproof glass, each one framed in slender metal surrounds forming the banisters, thereby allowing a clear view of the elegant forms of the staircase within, pointing up the cold gleam of the metal sheets with their brushed finish.

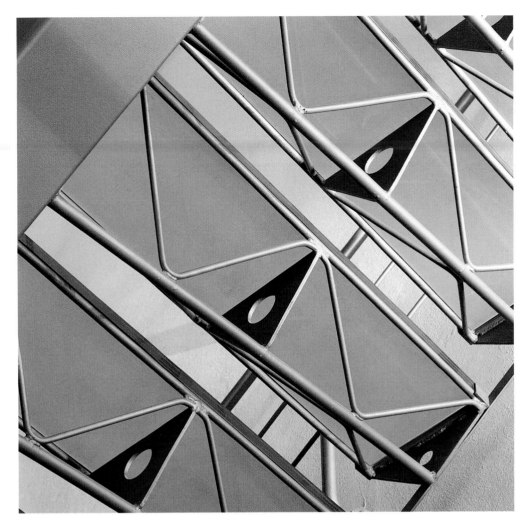

La trasparenza di questa scala è emblematica della volontà d'esplicitare le scelte architettoniche adottate nella trasformazione di un insieme di edifici industriali e civili in un centro polifunzionale destinato a ospitare eventi di varia natura. Ferro, acciaio e vetro, impiegati per valorizzare l'originaria luminosità del complesso e utilizzati adottando un linguaggio di matrice high-tech, sono materiali che caratterizzano in modo organico tutto il progetto di riconversione e dunque anche la scala che connette tre livelli.

Strutturalmente ardito, il sistema costruttivo prevede un unico montante d'acciaio di sostegno alle rampe e bilancieri cui sono sospesi i pianerottoli semicircolari. La collocazione centrale degli elementi strutturali conferisce lievità ai gradini di vetro stratificato e acidato, quindi reso opaco, la cui tenue colorazione verde è data dal forte spessore del materiale indispensabile per sopportare i notevoli carichi determinati dalla destinazione pubblica dell'edificio

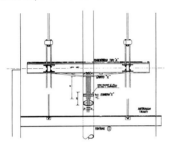

Sezione e assonometria di un particolare strutturale
Section and axonometric projection of structure detail

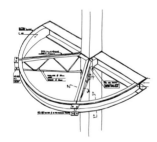

The elegant transparency of this staircase is emblematic of the design philosophy underlying the conversion of an assortment of factory and public buildings for use as a multifunctional center assigned to host events of varying kinds. Employed to make the best of the plant's original luminosity and applied with a high-tech vocabulary, iron, steel and glass are the predominant materials that lend an organic tone to the conversion scheme, and apply therefore to the staircase joining the three separate levels in the complex. The stair's somewhat audacious structure involves a single steel upright sustaining the flights and beams from which the various semicircular landings are suspended. The central placement of the structural elements confers a sense of weightlessness to the stairs, which are made of lightly acid-etched and therefore opaque glass plates, each tread composed of several layers to bear the considerable loads required in public buildings, and therefore slightly greenish in hue.

Entro l'edificio bianco e luminoso destinato ad accogliere gli uffici e altre dotazioni di un importante complesso industriale, questa scala sorprendente, concepita come una sorta di scultura zoomorfa, come una gigantesca bocca che si apre per indirizzare verso la salita o forse come una specie di antro misterioso, s'impone come un elemento straniante, autonomo nella sua consistenza plastica in contrasto con l'impronta razionale dell'architettura che la ospita. La lucentezza delle lastre sagomate d'acciaio lucido alleggerisce e impreziosisce, con il suo effetto specchiante, la massa scultorea della curiosa struttura doppia che, attraversando la soletta, si prolunga analogamente anche nello sbarco al piano superiore. L'andamento sinusoidale delle superfici riflettenti, che contrastano cromaticamente con i gradini di ferro, genera volumi di spessore e consistenza variabili con un risultato particolarmente suggestivo.

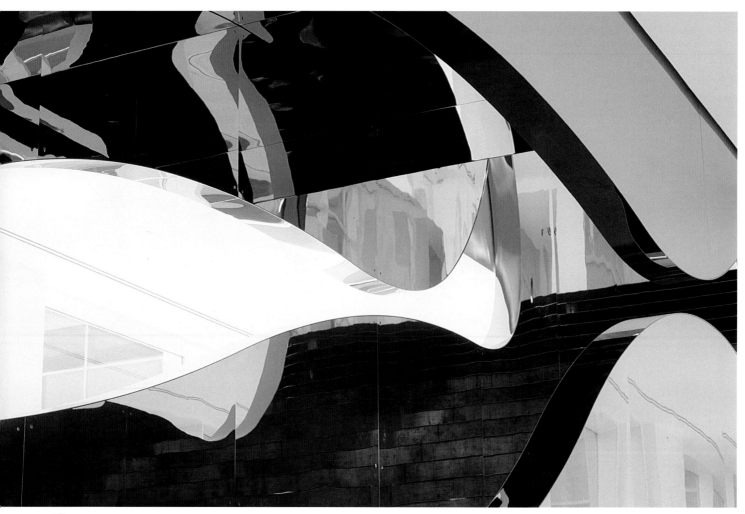

Installed in the heart of a white and luminous building created for offices and other facilities of a major industrial corporation, this stunning staircase asserts itself like some kind of huge anthropomorphic sculpture, like an animal's jaw inviting people to begin their ascent, or perhaps like some mysterious, cave-like chamber, a quiet almost alien presence whose sinuous plasticity is in stark contrast with the otherwise strictly rational character of the host architecture. The reflecting surfaces of the gleaming polished treads belie the underlying solidity of this curious double structure which, passing through an aperture in the floor, proceeds through to the story above. The winding path of the glistening shiny surfaces, in sharp chromatic contrast with the dull tone of the solid iron treads, creates a strikingly effective set of features that vary greatly both in volume and in consistency.

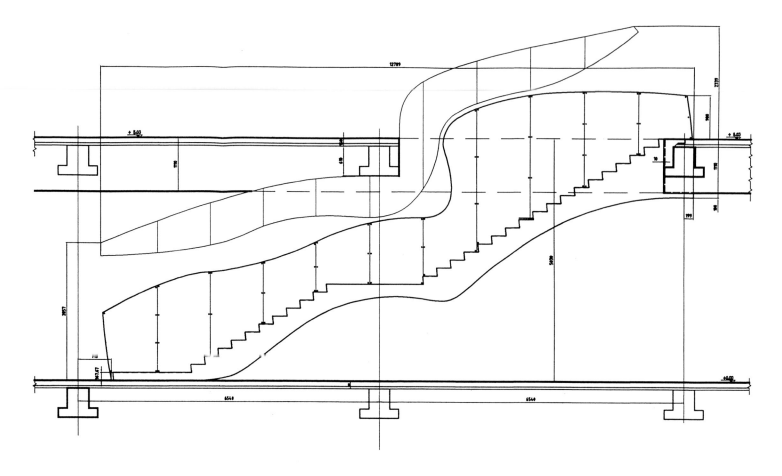

Prospetti interni / Interior elevations

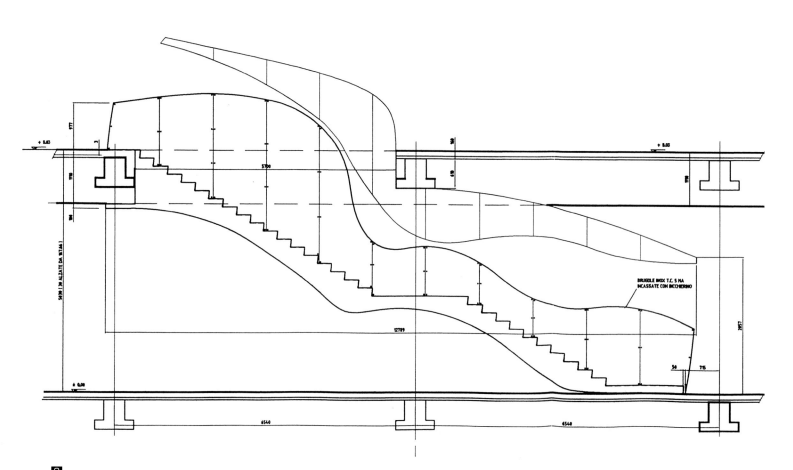

Onde lucenti, continue, incalzanti, negando l'or-togonalità del vano scala, costituiscono il para-petto di questo collegamento tra il piano terra e quello inferiore di un negozio milanese. Il nastro d'acciaio curvato che si staglia sorprendente-mente sullo sfondo candido – soluzione anche tecnicamente ardita vista la difficoltà di fissare il materiale armonico in un assetto definitivo – sembra generare anche il profilo curvilineo, sinuoso, della discesa e si riverbera nello spec-chio che riveste il soffitto con un effetto valoriz-zato anche dai neon azzurri che lo incorniciano.

Fluctuating, continuous waves of light that break up the orthogonality of the stair enclosure pro-vide the banister for this stairway linking the ground and lower floors of a smart store in downtown Milan. The banister's curved steel rib-bon stands out strikingly against the plain back-ground – a daring technical device, given the dif-ficulty of fixing the harmonic materials in a defin-itive arrangement – and emerges in a wavy sil-houette that winds downward and is echoed in the mirror cladding of the ceiling, an effect fur-ther endorsed by the blue neons that frame it.

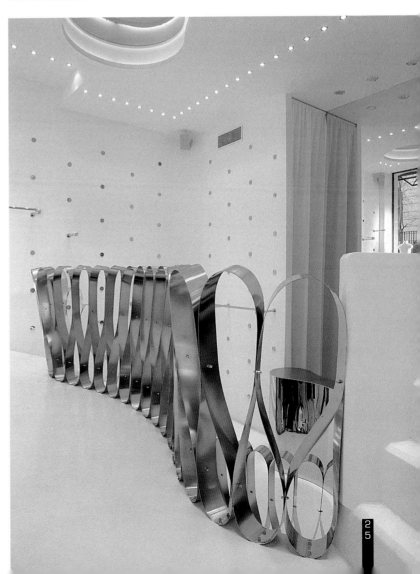

Onde dorate, in lamiera d'ottone sagomata, s'intrecciano confluendo al centro e generano le diverse profondità e altezze dei gradini della salita che dal foyer dell'Opera Hall di Tel Aviv conduce al piano superiore.

La luminosità vibrante e preziosa dell'ottone e la fluidità del disegno di questo percorso si sintetizzano in una soluzione di grande suggestione e notevole congruenza funzionale, capace di rinnovare in chiave contemporanea l'idea monumentale e scenografica delle gradinate dei teatri antichi e così di proporre un'originale riflessione sul significato anche emozionale degli archetipi dell'architettura.

Golden waves in profiled brass sheeting intertwine in a cascade toward the center, generating sections of variable thicknesses and heights of this elegant staircase ascending from the foyer of the Opera Hall in Tel Aviv to the upper story. The vibrant and precious gleam of the brass and the sheer fluidity of the design of this walkway merge to generate a solution of immense appeal and functional congruence, which has managed to endow a contemporary spirit to the monumental and processional scheme of the classic theater staircase and provide a wholly original reworking of this architectural archetype.

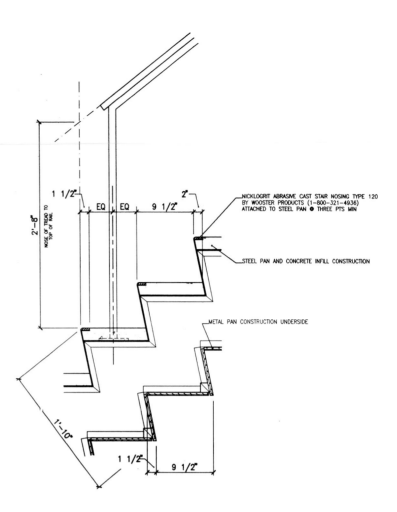

NICKLOGRIT ABRASIVE CAST STAIR NOSING TYPE 120 BY WOOSTER PRODUCTS (1-800-321-4936) ATTACHED TO STEEL PAN ● THREE PTS MIN

STEEL PAN AND CONCRETE INFILL CONSTRUCTION

METAL PAN CONSTRUCTION UNDERSIDE

1 1/2"
2'-8"
NOSE OF TREAD TO TOP OF RAIL
EQ EQ
9 1/2"
2"
1'-10"
1 1/2"
9 1/2"

Sezione della struttura / Section of structure

Una figura di riferimento, funzionale e visiva, questa scala realizzata in seguito all'ampliamento in verticale di un'agenzia di pubblicità newyorkese, in un edificio a loft sovrapposti. Collocato nell'atrio d'ingresso il nuovo collegamento s'impone anzitutto per il suo colore rosso acceso ma anche per il disegno zigzagante, a spigoli vivi, delle rampe. Concepite come elementi plastici, esse divengono anche sottilmente ironiche replicando nella porzione inferiore la stessa inclinazione delle alzate. Parapetti anch'essi rossi, pieni, creano un pozzo interno scenograficamente percorso da una sottile colonna di luce.

Symbolizing the vertical expansion of a New York advertising agency over four floors in a converted factory, this new staircase installed in the entrance draws the eye with its succession of vivid red perpendicular zigzagging flights. Designed with molded units, there is a touch of whimsy in the way the lower portion symmetrically parodies the slant of the risers. The railings are the same red, with solid planes and separated by slits at each turn of the stair around an internal well, whose height is dramatically emphasized by the narrow illuminated column rising from the entrance to the ceiling on the last floor.

In uno studio d'architettura due soppalchi simmetrici, rispetto a una grande apertura centrale, generano anche lo sdoppiamento della scala che li connette all'open space sottostante superata la prima rampa che ribadisce quest'asse baricentrico. I materiali riaffermano questa scelta compositiva: la prima rampa è un volume pieno, di legno chiaro, ma anche un grande contenitore, un archivio dei disegni, mobile, su ruote, mentre le due brevi rampe addossate alla parete di fondo sono tracce leggerissime con i loro gradini di ferro, di spessore ridottissimo, fasciati da una lamiera continua verniciata di bianco.

In this architects studio two mezzanines symmetrically overlooking the large central entrance hall generate a twinned stairway that branches off left and right at the top of the first flight of steps, where this mirroring effect is reiterated in a change in the materials employed: the first flight of stairs comprises a single solid unit of handsome light-toned wooden steps whose tiers ingeniously double up as a complex mobile storage system for the studio's archives; while the next two short more ethereal flights engaged to the back wall are composed of slender iron steps trimmed with a painted white border.

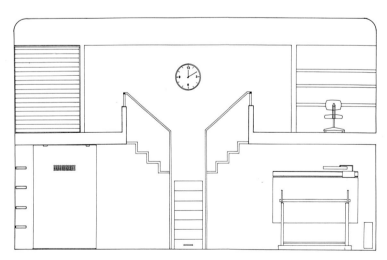

Prospetto / Elevation

Collegamento che da un vano di distribuzione permette di raggiungere la quota rialzata in uno studio professionale, questa piccola scala dotata di ruote, che sembra poggiare a terra in via provvisoria, per quanto apparentemente elementare diviene un segno significativo nello spazio nell'evocare uno scarno funzionalismo di marca "nautica" con la sua struttura in ferro verniciato bianco che sostiene le pedate zincate e, senza soluzione di continuità, genera anche i corrimano tubolari.

Designed to provide the necessary linkage between the entrance hallway to the upper story of a professional studio, this compact staircase unit equipped with castors seems at first to barely touch the ground, and while it is apparently so essential in form, it nonetheless provides a substantive visual anchor within the physical setting, having a spare, "nautical" look of white painted iron supporting the zinc-plated treads and continuing seamlessly along with the tubular handrail.

Prospetto / Elevation

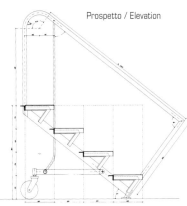

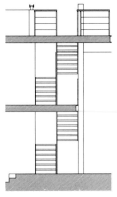

Sezione trasversale
Transverse section

Un unico pilastro, di ferro, percorre per intero la notevole altezza di un capannone riconvertito in abitazione e costituisce l'esile sostegno della leggera ed essenziale struttura in profilati di ferro della scala. Il tracciato nitido delle rampe libere, composte solo da pedate di legno, prive di alzate piene, disegna precisamente il nuovo percorso verticale che connette e identifica anche le diverse aree funzionali.

La nuova intelaiatura, con il suo andamento per segmenti che si stagliano sulle pareti talvolta campite con colori accesi, diviene il fulcro dinamico di questa casa offrendo scorci continuamente variati dell'intero volume.

Sezione longitudinale
Longitudinal section

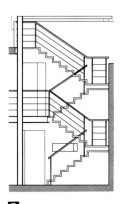

A single iron girder rises the full height of this industrial shed converted for residential purposes, and provides a support for the staircase's slender metal contours. The clear-cut outline of the suspended flights composed of unassuming wooden treads with empty risers neatly defines the new vertical passage that connects and defines the diverse functional areas of the living space. The new framework, which is broken up into segments that stand out against the backdrop of the wall, variously painted in often striking colors, has become the fulcrum of the entire house, providing a series of constantly varying vistas through the interiors.

L'impiego del vetro strutturale e dell'acciaio inox è il tema svolto in queste due scale, differenti per localizzazione e tipologia, entrambe studiate per ottenere un effetto di leggerezza e trasparenza che consentisse di connettere percettivamente i piani e alla luce naturale di filtrare.

Nel primo caso, in un edificio destinato a uffici, il vano scala aperto tra il piano terra dell'ingresso e il livello interrato è racchiuso da una sorta di box di vetro trasparente che valorizza anche

The keynote of the design of these two staircases is the combination of structural glazing and stainless steel, each one having a different location and type, both carefully devised to convey a sense of easy weightlessness that would give visual connectivity between the two stories while allowing natural light to filter unimpeded to the lower level. In the first case, the building contains offices, and the stair travels from the ground story of the entrance down to the lower

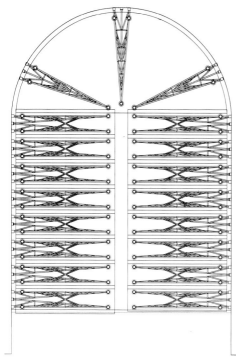

Pianta / Plan

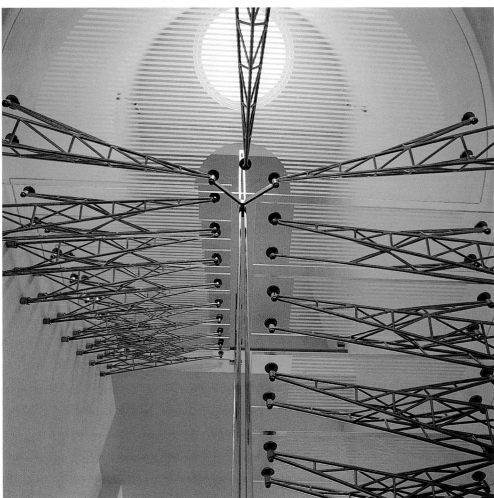

in termini scenografici la scala posta al suo interno, concepita come un elemento strutturalmente sospeso ai solai, costituito da una trave reticolare d'acciaio lucido, centrale, cui sono agganciate le mensole, nello stesso materiale, di sostegno ai gradini di vetro composti da lastre sottili accoppiate e stratificate, opportunamente serigrafate nella parte superiore per ottenere una superficie antiscivolo.

Nella soluzione studiata per una casa privata, la presenza di un vano compreso tra due murature portanti ha suggerito una differente applicazione dello stesso sistema costruttivo con un analogo esito formale. Il sostegno strutturale fornito dalle pareti, ha permesso di concepire ogni gradino come un'autonoma mensola a sbalzo che sostiene le pedate in vetro a comporre le rampe raccordate da pianerottoli semicircolari. La solidità statica di queste raffinate strutture è stata verificata utilizzando modelli al vero in ferro.

floor via a box-like enclosure encased in transparent panes of glass that allow a dramatic view of the stairway inside; this is structurally hung from the ceiling, which is composed of a reticular girder of polished steel from which brackets of the same material are suspended supporting treads in glass in a variety of combinations of thin, coupled, or layered, and abraded on their upper surface to make them non-slip and insure good purchase.

In the solution devised here, for a private house, the presence of a room enclosed between two load-bearing walls prompted a different application for the same constructive system with an analogous formal outcome. The staircase was engaged into the wall, thereby providing a solid support for the structure, which was tested beforehand with a scale metal model; the upshot is a series of separate jutting ledges, each one framing a glass tread, with the flights joined by small semicircular landings.

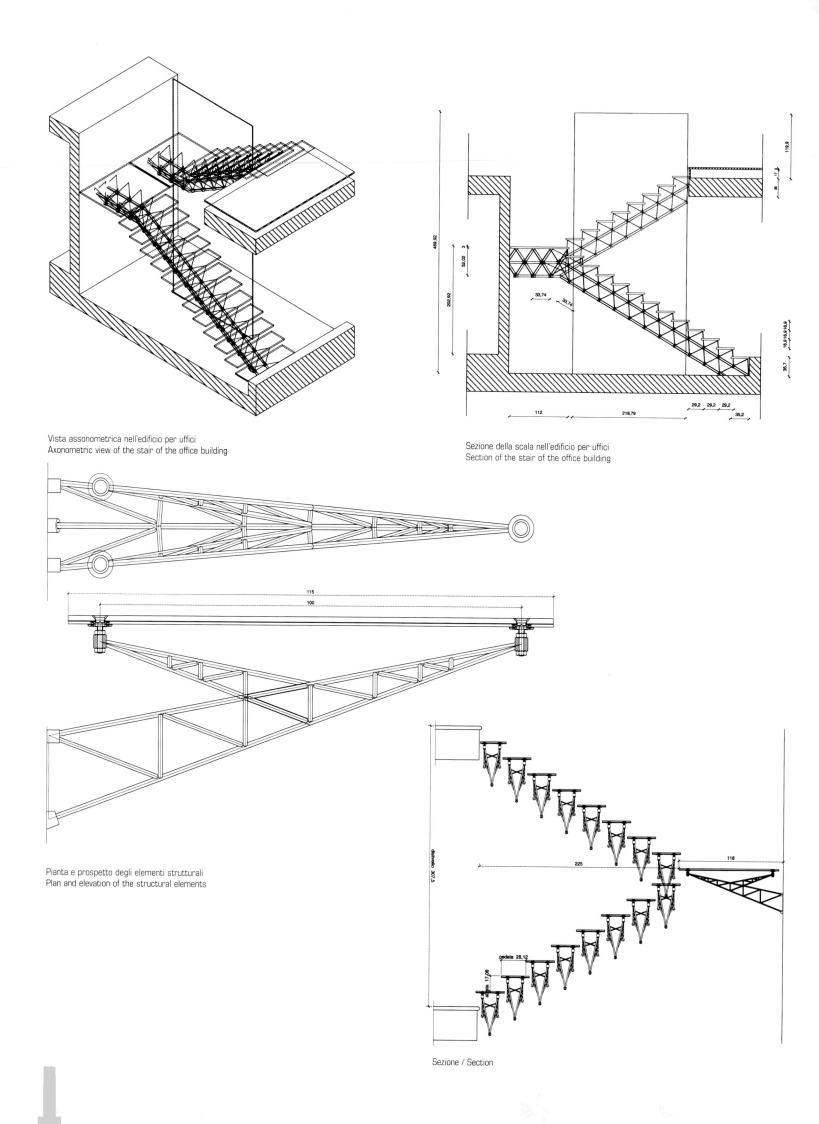

Vista assonometrica nell'edificio per uffici
Axonometric view of the stair of the office building

Sezione della scala nell'edificio per uffici
Section of the stair of the office building

Pianta e prospetto degli elementi strutturali
Plan and elevation of the structural elements

Sezione / Section

Although designed some years ago by one of Italy's undisputed masters of architecture, this staircase has lost none of its extraordinary innovative impact due to the designer's technical and formal expertise in applying new materials, in this case drawn metal sheeting to the original format. Designed to link two floors of a shop in Milan, the staircase climbing along a wall is in fact suspended clear of it by means of a central support mechanism into which the treads are anchored. While their basic outlines seem to belong to a more solid, consistent material, here they have been made light, dematerialized even, with an effect of weightless transparency through the use of drawn metal sheeting treated in a hot zinc finish that leaves the surfaces with a rough, cool effect.

Progettata da un maestro dell'architettura italiana anni fa questa scala conserva intatta nel tempo la sua intrinseca qualità, il suo valore innovativo legato alla capacità di utilizzare con coerenza tecnica e formale un materiale come la lamiera stirata. Concepita per collegare i due piani di un negozio milanese, la scala, affiancata a una parete, in realtà se ne distacca sostenuta com'è dalla struttura portante, centrale, cui sono ancorati i gradini. La loro sagoma sembra alludere a quella che potrebbe derivare dall'uso di un materiale pieno, consistente, ma è appunto alleggerita, smaterializzata, con un effetto di lievità e trasparenza, dall'impiego della lamiera stirata peraltro trattata con una zincatura a caldo che attribuisce un aspetto grezzo alla sua colorazione fredda.

Nella ristrutturazione di un complesso ottocentesco, il progetto, pur conservando l'originaria scansione degli spazi abitativi articolata da quattro campate, è intervenuto per lo più su quella che aveva subito in passato le più pesanti modifiche posizionandovi il nuovo collegamento verticale. Rifuggendo ogni forma di rivisitazione stilistica, la nuova scala, che connette tre livelli, è qualificata come un forte segno nello spazio e modellata secondo un linguaggio tutto contemporaneo, di matrice decostruttivista.

Setti di cemento armato a vista, di varie forme e dimensioni, si connettono alla struttura racchiudendo il vano a tutt'altezza concluso dalla copertura lignea. Al suo interno il percorso è svolto da rampe costituite da travi di ferro orientate in diagonale a generare un andamento dinamico, volutamente incostante. Un'idea anzitutto spaziale, che sfrutta gli effetti dell'illuminazione naturale, ribadita dalla progressiva riduzione delle dimensioni delle rampe stesse che si alleggeriscono fino a divenire elementi a sbalzo dalla muratura.

As part of the thorough overhaul of this nineteenth-century building, the architects decided that the most suitable location for creating the necessary vertical linkage was the part of the original four-bay arrangement of the interiors that had undergone the most drastic alterations. Eschewing a revivalist approach, the new staircase linking up the three stories of the apartment offers a complement to the host space, showing a certain deference to contemporary design with its hints of deconstructivism. A series of sturdy support walls in raw reinforced concrete of varying forms and dimensions sustain the framework of the staircase and carry it upward the full height of the dwelling as far the wooden roof. Within this framework the various flights composed of metal girders run obliquely, creating a deliberately irregular dynamic flow. With this emphasis on spatial diversity, the system makes best use of the natural light sources, with the steps diminishing in size until they become mere projecting ledges for the uppermost flight.

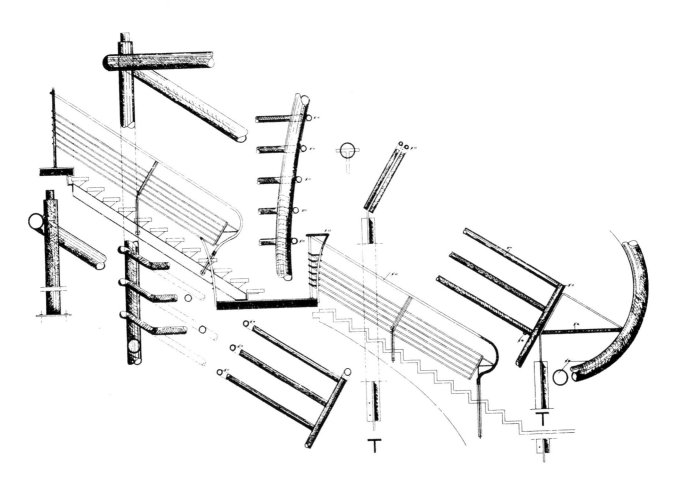

Particolari costruttivi del parapetto / Detail of banister system

In occasione del recupero del medievale castello di Roccavignale, vicino a Savona, è stata realizzata questa scala che appare un segno riconoscibile del progetto di adeguamento dell'organismo esistente. La scala è collocata proprio nel fulcro dell'intervento, nella torre a sud-est convertita in spazio museale. La sua struttura leggera, baricentrica, è studiata per permettere di cogliere lo sviluppo della torre coperta da una grande volta di mattoni e raggiunge lo sbarco su un nuovo livello, svincolato dalle murature, che consente di godere dell'affaccio offerto da due grandi finestre preesistenti. Raffinata, nel rapporto con l'esistente, la scelta dei materiali: la struttura elicoidale di ferro, protetta da semplici parapetti, contiene i gradini costituiti da lamiere sagomate come vassoi a sostegno delle pedate composte de lastre di cemento addittivate con ossidi.

Prospetto / Elevation

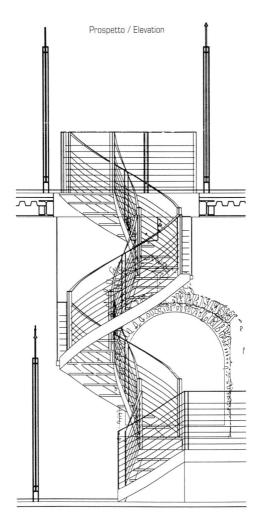

This imposing modern staircase was created as an integral part of a comprehensive restoration program effected on the castle at Roccavignale, near the town of Savona on the Ligurian coast. The new addition is a brilliant illustration of the project's ambition to blend tastefully with the existing building fabric. The staircase's airy, essential construction follows the path up a tower crowned with a tall brick dome, winding its way through a chamber that was renovated and cleared of masonry so as to allow an unimpeded view of the landscape outside through the two large original windows.

Exceptional care has gone into the choice of stair's materials, producing a delicate spiraling structure composed of iron elements encased within unobtrusive banisters and supporting treads in sheet metal designed to accommodate durable tiles made of special oxide-treated concrete.

In una casa unifamiliare, nei pressi di Seattle, un'accurata composizione dei volumi che ricerca continuamente l'affaccio migliore verso l'esterno e modella gli spazi interni giocando su un'alternanza di pieni e vuoti, su una geometria strutturata per linee diagonali, imposta il collegamento tra il piano dell'area giorno e la quota della zona notte, che prospetta su un ampio terrazzo-solarium, come un elemento dinamico, anch'esso pensato per favorire il passaggio della luce. La scala di legno e metallo si distende, con una pendenza moderata, particolarmente confortevole, all'interno di una sorta di frattura originata dai due muri, di cui uno diagonale, che articolano la distribuzione interna. La stretta fessura che incide la parete inclinata ne offre una fugace apparizione dal soggiorno mentre dalla cucina si apprezza la leggerezza della struttura illuminata dall'alto.

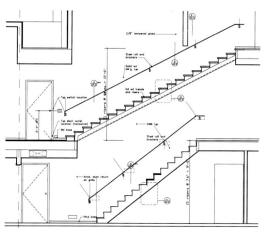

Sezione / Section

Installed in a single-family house in the outskirts of Seattle, designed with an intriguing counterpoint of volumes that constantly strive to optimize the main facade and mold the interiors with an alternation of mass and void based on a geometry of diagonals, this staircase links up the day area to the upper story of bedroom suites that look out onto a large sundeck, which is also considered a guiding component in organizing the inner spaces to ensure the best possible use of natural light. The wood and metal staircase descends with a gentle, easy slope down into the living room through a gap lying between two walls, one set slightly off-axis, which determine the layout of the interiors. The narrow gash in the tilted wall gives a glimpse of the stair from the sitting room, while the full view of the lightweight structure, lit from above, is visible from the kitchen.

Una geometria rigorosa, tutta esplicita, impronta il disegno della scala che, in un negozio milanese, conduce dal livello stradale al piano inferiore. L'essenzialità e la leggerezza che derivano da un'impostazione simmetrica, capace di generare una sorta di nuova tessitura del vano scala, sono anche il risultato dell'impiego di materiali freddi e della raffinata modulazione dei loro pesi visivi. I gradini a sbalzo, di pietra grigia, di forte spessore, compongono tre brevi rampe tra loro perpendicolari e la loro traccia netta sulle pareti chiare, per segmenti, è valorizzata graficamente dalla sottile ed elegante struttura d'acciaio che incornicia ogni rampa e contiene anche

le lastre di cristallo che fungono da evanescenti parapetti. Questi, non sovrapponendosi ai gradini, permettono di apprezzare l'autonomia formale di ogni componente di questa scala studiata con grande attenzione compositiva e realizzata con accuratezza.

With its uninhibited expression of stringent geometrical figures, this staircase installed in a store in Milan's busy center leads down from the street-level entrance to the basement sales floor. Economy of line and a certain weightlessness derived from its careful symmetry lend a gentle sense of texture down through the overlit

stair well, in an attentive amalgam of otherwise cold, inexpressive materials and an exquisite balance of volume weights. The thick, solid steps in muted gray stone jutting from the wall are composed in short flights running perpendicular to each other and tracing out a clean profile against the candid walls of the square stair well, its simple scheme gracefully pointed up by the lean handrail and the stanchions of the shimmering plate-glass banisters. Standing free of the steps themselves, these form an entirely separate geometry, while providing an accurate complement to the overall design.

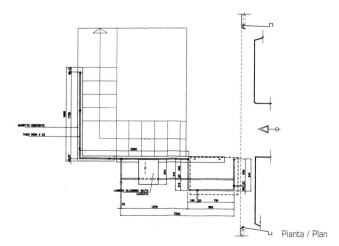

Pianta / Plan

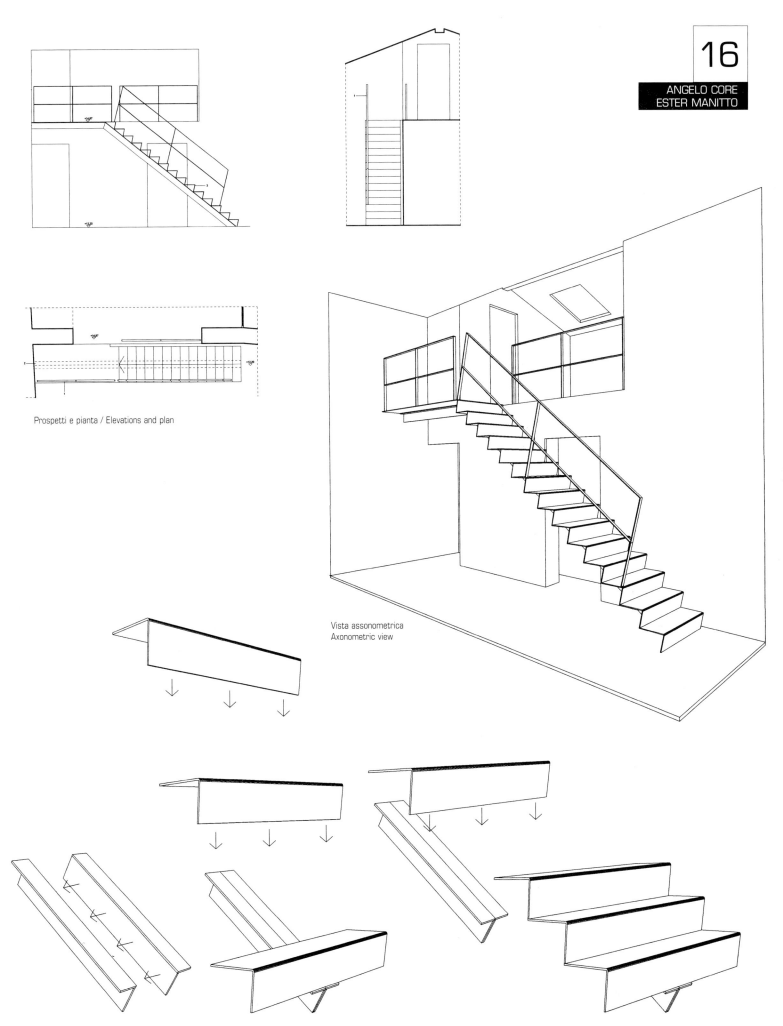

Prospetti e pianta / Elevations and plan

Vista assonometrica
Axonometric view

Fasi di montaggio / Assembly phases

In un appartamento ligure, il collegamento tra due livelli è risolto da una soluzione accuratamente studiata dal punto di vista costruttivo e sul piano dei risultati materici e cromatici. Addossata a una parete la scala se ne distacca grazie alla struttura di sostegno centrale cui sono state saldate in loco le sottilissime lastre di ferro ripiegate che formano i gradini concepiti come singoli elementi modulari. Il loro trattamento, che ha fatto emergere in modo omogeneo la ruggine, poi opportunamente bloccata, attribuisce una particolare cromia al manufatto che appare come una silhouette la cui leggerezza è impreziosita dalla scabrosità calda delle superfici.

In this property on the Ligurian coast, the linkage between the two levels of the apartment has been resolved by coordinating the constructional features with the materials and color scheme. Set slightly shy of a wall, the staircase rises on by a central support system to which the wafer-like steps of bent metal have been welded, each comprising an individual modular element of the whole. Their surface treatment entailed allowing an even patina of rust to form for a predetermined period to give a novel chromatic quality to the ensemble, which stands out in silhouette and whose apparent fragility is set off by the rough finish of the metal's surface.

Conceived as an organic component of a renovation scheme for an apartment on two floors in a property in Cuneo built in the Italian Deco style known as Liberty, this staircase veers off along a gentle diagonal demarcating, almost virtually, the entrance, the dining area and living room. Establishing a formal and visual link with the volumes and materials of the upper story, the stair is also an integral part in terms of its structural dynamics, extending the glass walkway that looks down onto the room below and the angled verandah of the attic. Its lean geometry, and burnished steel consists of a reticular girder whose horizontals become supports for the thin treads in brushed steel. The same material is used for the banisters, which are composed of slender spiraling cables joined along the top by an unassuming handrail that matches the parapet of the gallery floor above.

Concepita come componente organica della ristrutturazione di un appartamento articolato su due livelli in una palazzina liberty, a Cuneo, questa scala segna con delicatezza una traiettoria diagonale e separa così, virtualmente, la zona dell'ingresso, del pranzo e del soggiorno. Stabilendo un raccordo formale e percettivo con i volumi e i materiali del livello superiore ne è parte integrante anche dal punto di vista costruttivo prolungandosi nella passerella di vetro affacciata sullo spazio sottostante e nella veranda inclinata del sottotetto. La sua struttura leggera, d'acciaio brunito, è costituita da una trave reticolare le cui aste divengono i sostegni per le sottili pedate d'acciaio satinato. Lo stesso materiale è utilizzato per i parapetti composti da sottili cavi elicoidali completati da un semplice corrimano, in continuità con le balaustre alla quota superiore.

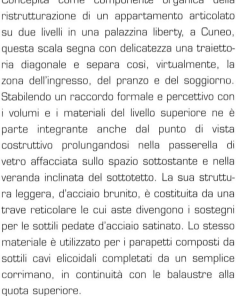

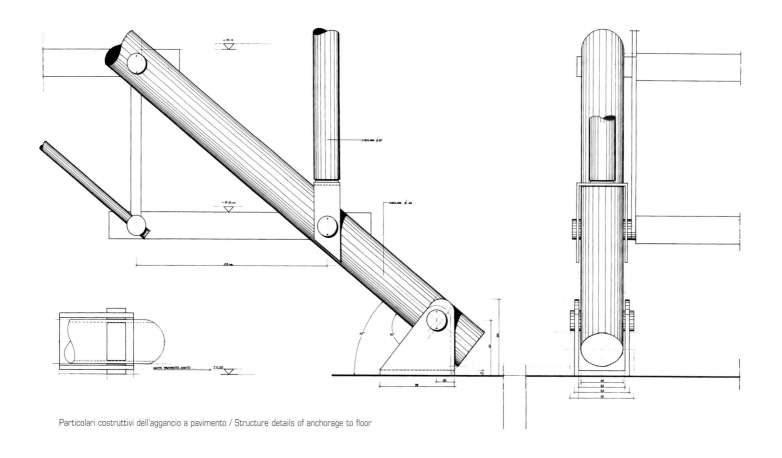

Particolari costruttivi dell'aggancio a pavimento / Structure details of anchorage to floor

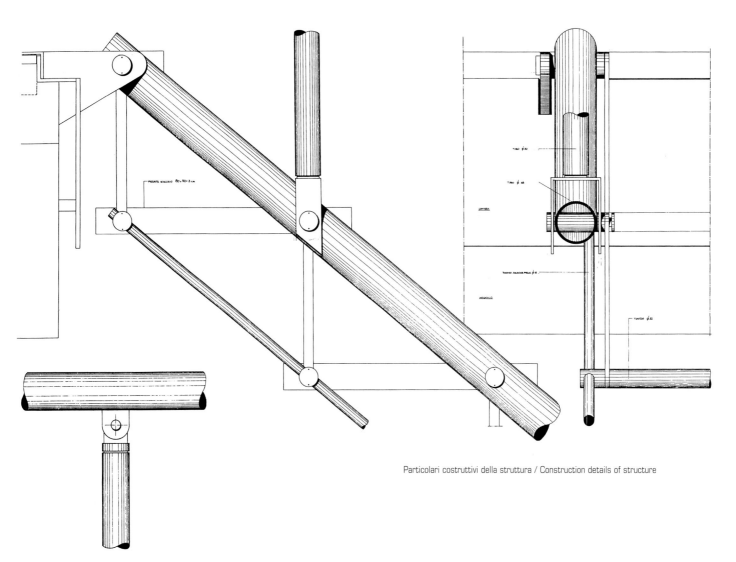

Particolari costruttivi della struttura / Construction details of structure

Particolare costruttivo aggancio montante-corrimano / Detail of upright and handrail connection system

Una continua contrapposizione di pesi, di pieni e
vuoti, con effetti sorprendenti e spettacolari,
contraddistingue questa scala dove materiali
caratteristici dell'architettura contemporanea,
come il legno e il cemento, di valore cromatico
opposto, ottengono effetti quasi monumentali
grazie al loro trattamento plastico e alla nega-
zione di una rigida ortogonalità compositiva.
Due pareti curve, di cemento armato grezzo, a
grandi lastre, racchiudono come in un guscio la
salita vera e propria sviluppata da essenziali gradini lignei. Una di esse è una sorta di quinta che
"difende" e "annuncia" il percorso ma la sua
superficie e il suo spessore vengono inaspettatamente svuotati, contraddetti, da un enorme
oculo circolare che interseca la soletta soprastante. Analogamente anche la rampa di salita,
che appare dalla vista frontale come un elemento pieno, consistente, monolitico, nella prospettiva consentita dal retro mostra una silhouette
leggera, come fosse sospesa, valorizzata da
un'illuminazione suggestiva che sottolinea la
traccia proiettata da ogni gradino sulla parete
curva di fondo cui è prossimo ma non aderente.

Unraveling in a seamless interplay of masses
and voids, often with astonishing subtlety, this
staircase's distinguishing characteristics combine the cutting edge of contemporary material –
such as wood and concrete, with their contrasting chromatic qualities – to achieve a monumental grace, thanks to an adroit sculptural
treatment and the denial of the rules of strict
orthogonal composition.
Like the valves of a shell, two gently curving
walls in raw gray concrete composed of large-
format slabs enclasp the staircase proper,
which gracefully ascends in a series of pale wooden steps. The thickness of the walls is gainsaid
by sudden breaks in the surface, like the huge
oculus that affords a sort of preview of the
ascent, its top cut off by the floor of the story
above. Similarly, the upward flight of stairs,
which from the front appears to be a solid unit,
a sort of monolith in wood, when seen from the
side reveals itself instead to be a delicate
silhouette suspended shy of the wall, the gap
enhanced by a clever lighting system that under-
scores the outline of each step as it proceeds
along the wall's billowing surface.

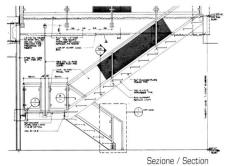

Sezione / Section

È un'immagine "industriale" quella assegnata a questa scala che collega più livelli in un edificio a Manhattan, sede di una rivista. Una scelta che rievoca con congruenza l'originaria destinazione produttiva dell'edificio. Ferro per la struttura e i corrimano, lamiera stampata per i gradini e cristallo trasparente per i parapetti danno origine a un collegamento limpido e leggero che tuttavia non rinuncia a una precisa formulazione compositiva.

This staircase connecting various levels in the offices of a Manhattan publisher's opts for a decidedly "industrial" look, an intentional hint at the place's original function as a manufacturing premises. The combination of iron for the framework and handrails, pressed sheet metal for the steps, and crystal plate for the banisters has produced a limpid, unobtrusive system of steps whose design nevertheless imposes its own compositional features.

Designed for a top-floor apartment in a 1930s building in Milan, this graceful staircase describes a smooth luminous ascent to the attic floor above and thence up to the rooftop patio.

Situated in the entrance hall and spilling partially into the spacious living room, the sinuous form of the new staircase proffers its striking figure to the entire space while remaining essentially an autonomous feature, the solid look of the steps neatly accentuated by the use of select materials such as treated steel, among others. Its sweeping ascent and ingenious system of detachment slightly away from the wall makes it seem to levitate, held in place by otherwise barely visible struts, thereby ingeniously dispelling any impression of bulk or heaviness, while creating easy visual continuity between the lower and upper levels of the apartment, giving the linkage a fluid feel that is further enhanced by the sinuous and elegant paired tubular steel handrail, which follows the stair's upward movement.

È un segno lucente questa scala che, in un appartamento milanese posto all'ultimo piano di un edificio degli anni Trenta, collega il soggiorno con il livello superiore della mansarda e del terrazzo. Collocata entro il vano dell'ingresso e così affacciata sull'ambiente living che ne viene parzialmente invaso, la scala è un elemento che caratterizza figurativamente lo spazio con la sua solidità plastica, la sua autonomia formale rispetto al contesto, generata dal consistente spessore dei gradini e potenziata dall'uso di un materiale come la lamiera d'acciaio satinato.

Il suo sviluppo in curva, il non aderire ai muri perimetrali se non per appoggi puntiformi e pressoché invisibili, non solo ne alleggerisce la consistenza ma istituisce una continuità visiva tra il piano inferiore e quello superiore assegnando un valore dinamico e fluido al collegamento, peraltro ribadito dal disegno sinusoidale del semplice ed elegante corrimano, costituito da due tubolari d'acciaio, che ne segue il tracciato.

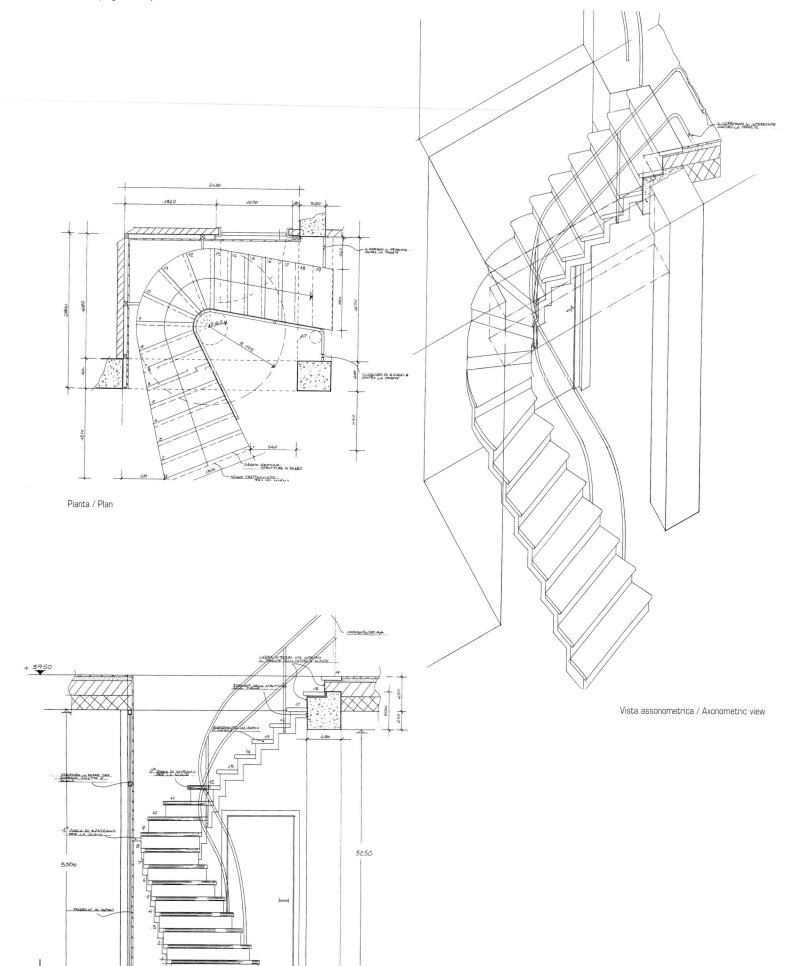

Pianta / Plan

Vista assonometrica / Axonometric view

Prospetto / Elevation

Quelle rappresentate sono due delle molte possibili applicazioni di un sistema strutturale, di produzione industriale, che associa alla leggerezza visiva una grande duttilità d'impiego connessa alla possibilità di adattarsi a ogni situazione e di articolare rampe rettilinee, elicoidali o miste per uno sviluppo in altezza pressoché illimitato. Il metallo che costituisce la struttura studiata come combinazione di elementi modulari, tagliati al laser, a comporre le travi laterali autoportanti, sostanzialmente assimilabili sul piano statico a una struttura reticolare, può essere associato alle numerose finiture di serie dei gradini – cristallo, legno, marmo, granito, pietra – con o senza alzata, rettangolari o trapezoidali, delineando così soluzioni in grado di adattarsi a qualunque ambientazione e a ogni necessità progettuale.

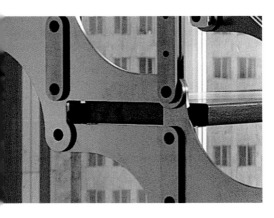

The staircases shown here represent two of the many possible applications of a factory-made system in which a basic economy of line is coupled with high adaptability to a wide variety of situations. Possible solutions include flights running in straight lines, or in spirals, or a mixture of the two, and allow virtually unlimited upward development. The metal parts used in the framework are a combination of laser-cut modular elements composing the lateral support brackets, offering similar static characteristics to a reticular grid, which can accommodate any number of step types, be they made of crystal, wood, marble, granite, or other appropriate material – with or without a riser – laid in either a rectangular of a trapezoidal pattern, adapting the pattern to whatever kind of space or architectural project is involved.

Un progetto complesso ed estremamente versatile, come dimostrano le due diverse realizzazioni qui rappresentate, tra le molte possibili, caratterizza questo sistema costruttivo offerto dalla produzione di serie. La struttura di queste scale, che prevede sostanzialmente due travi laterali autoportanti, è concepita come assemblaggio di elementi modulari d'acciaio che definiscono soluzioni figurativamente decise ma in grado di adattarsi ai

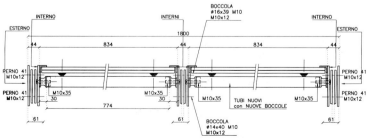

Sezione dei gradini del sistema a rampa doppia / Steps section of twin-fligh system

più vari vincoli spaziali.

La malleabilità dell'organismo strutturale e la varietà delle possibili finiture dei gradini e dei parapetti non solo consentono svolgimenti diversi delle rampe, che possono essere rette, elicoidali, miste, ovoidali, ma anche di assegnare a ogni manufatto valenze formali diversificate volte a soddisfare le più diverse esigenze espressive e tecniche in modo congruente alle necessità linguistiche contemporanee.

The sheer complexity of this highly versatile and intelligent stair system is exemplified by the applications illustrated in these pages, which show two of the many solutions the system allows, despite its comprising standardized modules. The structure of the staircase is substantially composed of two lateral girders that enable the assembly of modular elements in steel, which offer a range of figurative content of the utmost variety and compatibility, accommodating itself almost anywhere, whatever the physical restrictions of the host space might be.

The high adaptability of the basic structure and the variety of finishes for both steps and banisters not only makes it possible for flights to change type and direction, shifting from straight to spiral, or to be combined, but also permits a wide variety of expression congruent with the language of today's architecture.

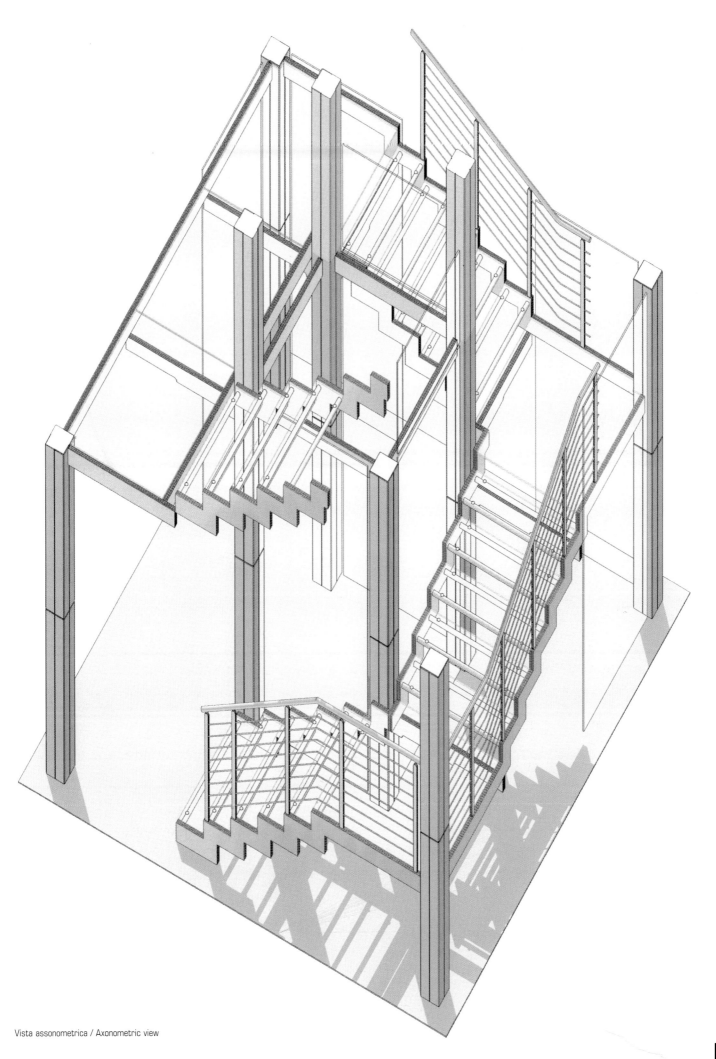

Vista assonometrica / Axonometric view

Un nuovo organismo, più che una scala, risolve con sensibilità e intelligenza il difficilissimo collegamento tra i tre livelli di una tipica casa lombarda dove un ambiente unico al piano superiore doveva essere connesso all'ingresso posto al livello intermedio nonché alla quota della corte interna raggiungibile grazie a un passaggio coperto da una volta a botte.

Entro l'involucro verticale, di soli sette metri quadrati, è un percorso variabile quello individuato dal progetto che risolve brillantemente le necessità funzionali valorizzando al tempo stesso, grazie a un linguaggio misurato e limpido, l'originaria struttura e i suoi materiali. Legno, griglie di ferro zincato, acciottolato e vetro si succedono a comporre il nuovo collegamento che si adatta con sorprendente e sofisticata congruenza all'architettura originaria, rigenerandola.

The new stair system installed in this traditional Lombard country house is more than a mere staircase. The project required creating proper access from the one-room upper story to the building entrance, to the intermediate floor, and also down to the inner courtyard, which was accessed via an old arched corridor.

Given the lack of elbow-room – a mere seven square meters – the staircase varies in design along its path, ingeniously resolving some of the functional complexities while offering a smooth and calibrated series of solutions that harmonize with the original structure and materials of the building shell. Wood, gridwork in zinc-plated iron, pebble paving and glass succeed each other to compose the new access route, which insinuates its way with sophisticated congruence through the original building, giving it a new lease of life.

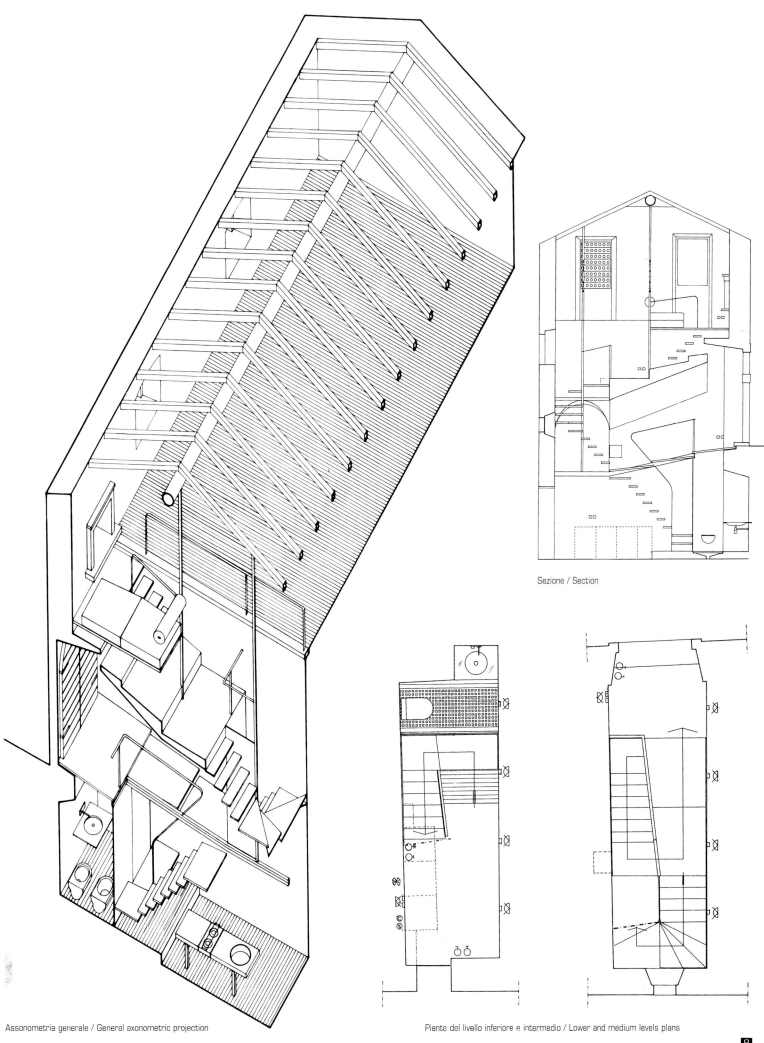

Assonometria generale / General axonometric projection

Sezione / Section

Piante del livello inferiore e intermedio / Lower and medium levels plans

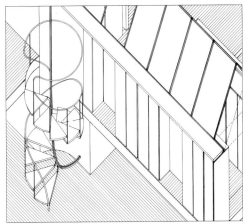

Assonometria generale
General axonometric projection

This stairway built to provide the necessary linkage to the self-sufficient penthouse apartment from the floor below in a Milan townhouse unfurls its way upward in a neatly contained spiral from a gently curving niche. Its intriguing airiness and sheer fluid elegance are the outcome of careful experimentation in the use of conventional materials in as formally creative a way as possible. Coiling effortlessly downward from the top-story ceiling in a sweeping spiral, its tail fixed to a point on the wall on the lower story for further anchorage, is a central shaft onto which the steps are grafted like so many floating platforms. The metal shaft of which the system is composed is designed to fan out and hold the bottom two stairs also. The others are simply welded to the shaft to enhance the gravity-defying effect of this stair that manages to effectively meld some highly diverse components with apparent seamless unity. The banister consists of the slimmest of uprights fixed to the spare handrail, that descends to a point on the floor.

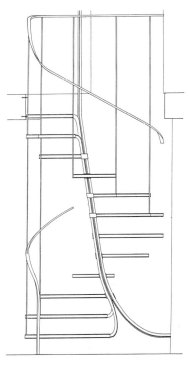

A Milano il collegamento tra un sottotetto destinato a un'abitazione completamente indipendente e il piano sottostante è stato ricavato entro un vano circolare che accoglie un'esile scala elicoidale, di dimensioni contenute. La sua leggerezza, fluidità ed eleganza sono il frutto di un ricercato progetto che utilizza materiali convenzionali in modo formalmente creativo. La struttura portante, centrale, sospesa al solaio soprastante, sembra librarsi nel vuoto grazie al suo unico ulteriore ancoraggio a una delle pareti che

traccia nello spazio una morbida e breve curva. Il fascio di angolari di ferro, di cui è composta, è disegnato in modo da sostenere, aprendosi, anche i primi due gradini. Gli altri sono semplicemente saldati alla struttura verticale ad accentuare l'effetto di lievità di questa curiosa figura che fonde in modo particolarmente efficace elementi funzionali diversi senza apparente soluzione di continuità. Sottilissimi tondini verticali costituiscono i parapetti che si raccordano al corrimano disegnato come un nastro.

Sezione / Section

1

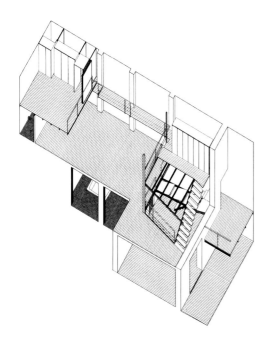

Assonometria generale
General axonometric projection

Un percorso verticale quello qui tracciato da un progetto che ha radicalmente trasformato in abitazione un ex laboratorio distribuendo le varie funzioni su più livelli di altezza variabile, in un gioco di incastri dei volumi tutto studiato in sezione. In questa logica anche la scala, il collegamento tra i piani che articolano in realtà un unico ambiente oltre all'interrato, è un organismo continuamente variato e così capace di rappresentare emblematicamente il dinamismo verticale attribuito a questo spazio. Per raccordare le diverse quote, alle rampe sono attribuite pendenze variabili e ai gradini di ciascuna profondità diverse in modo che questi si trasformino in larghe pedane o si fondano nelle passerelle che collegano i diversi ambiti. La struttura portante di ferro, disegnata in modo essenziale, si connette a quella dei soppalchi e delle passerelle così come il legno utilizzato per le pedate è lo stesso dei pavimenti sulla base di un disegno armonioso dei rivestimenti e delle strutture che tende alla sintesi formale, a una semplificazione di marca minimalista volta a delineare un'atmosfera rarefatta, limpida, sospesa.

A sense of lift and upward direction is the guiding concept behind this radical conversion of a laboratory into an apartment, distributing the various functions to several levels of variable heights in an interplay of meshed volumes that was carefully calculated in section. As part of this logic, the staircase linking the various floors – which in reality articulate a single large space, together with the basement story – is an organic continuum that deftly epitomizes the new vertical dynamism that has been attributed to the host space. In order to join up the different levels, the flights have variable slopes, and the depth of the treads likewise varies so that these at one point become wide boards or dissolve into walkways linking up the various rooms. The iron load-bearing structure is essential in design, and connects with the frame of the walkways; likewise the wood of the treads is the same as that used for the floors, generating an overall harmonious design of finishes and structures that aspires to be formally synthetic, a simplification of minimalist stamp aimed at describing a rarefied, limpid atmosphere.

In un nuovo edificio che accoglie gli uffici di una ditta produttrice di ruote gommate, posto sopra il complesso preesistente ridefinito come un massiccio basamento, il raccordo tra il piano inferiore e quello superiore è costituito da una grande scala che reinterpreta, all'interno, l'immagine tecnologica elaborata per gli esterni. La scelta di un linguaggio scarno, "industriale", è declinata creativamente nella scala la cui struttura portante è costituita da anelli d'acciaio sovrapposti che danno origine a una sorta di gabbia centrale, inondata di luce. A ciascuno dei piatti d'acciaio è agganciato un gradino poggiato anche alla muratura curvilinea, bianca, che delimita il vano. Citando il tipo di produzione dell'azienda, ogni pedata è poi rivestita da una guaina di materiale plastico tesa nella parte inferiore da molle d'acciaio.

In a new premises built to house the offices of a tire manufacturer, spread over the existing complex, which has been remodeled as a large platform, the linkage between the lower and new upper stories is composed of a large staircase whose interior section offers an intriguing variant of the technological tone adopted for the section visible on the building's exterior. The lean, "factory" look is most evident in the realization of the load-bearing structure as an openwork shaft, like a rib-cage, made of superimposed steel strips and flooded with light. Each of the ribs provides an anchor point for the ascending stairs, which are also bolted slightly shy of the cement enclosure wall. As if quoting the factory's legacy, each of the treads is clad in a membrane of synthetic material held taut by a steel spring visible on the underside.

Pianta / Plan

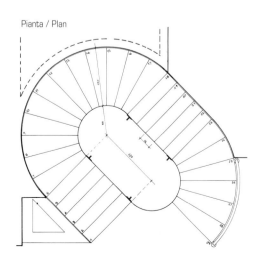

In una casa nel bosco, nel Maine, entro la bianca griglia tridimensionale che costituisce la struttura di un unico spazio aperto, distribuito su tre livelli, la scala attraversa la regolare maglia di sostegno seguendo un tracciato lievemente disassato, diagonale, e si sviluppa per una notevole altezza prima di raggiungere la quota del primo piano. Da questo livello il collegamento al piano superiore della mansarda è risolto da una scala a chiocciola.

Entro quest'ambientazione dove il bianco e il legno dei rivestimenti sono illuminati dalla copiosa luce naturale proveniente dai fronti vetrati, a configurare un ambiente riposante, la scala esplicita la propria funzione contrapponendo materiali freddi e metallici, come l'acciaio degli elementi strutturali o la lamiera stampata dei gradini, a quelli naturali.

In this magnificent house ensconced in the lush forests of Maine, meshing with the structural framework of a vast, unitary, open-plan residence distributed freely over three separate levels, the elegant staircase follows a gently skewed, diagonal path through the building's network of beams, climbing to a considerable height before reaching the first story, whence it continues its path up to the next floor by means of an essential spiral staircase.

The ample glazing of the frontage allows an abundant wash of natural light to illuminate the white surfaces of the structural elements and pale wood of the floors and paneling, creating a uniform, warm environment through which the staircase offers a counterpoint of cooler materials and components, steel rods, uprights, and sheet metal.

Nella ristrutturazione di una cascina il collegamento tra la cucina al piano terra e il soggiorno soprastante diviene anche lo strumento di raccordo al corridoio, posto a una quota intermedia, che dà accesso alle camere nel corpo di fabbrica adiacente. Connettore anzitutto distributivo, questa piccola scala è anche espressione di una poetica che rifugge ogni adeguamento stilistico e rintraccia piuttosto una forma di adesione all'architettura originaria riproducendo un processo progettuale di tipo "spontaneo".

La scala è così un oggetto composito, costituito da due blocchi, di cemento e di ferro, visivamente disgiunti dal muro di contenimento a comporre così, nel gioco d'incastri, una sorta di disegno escheriano dove sopra e sotto sono solo possibili punti di vista.

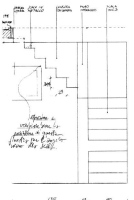
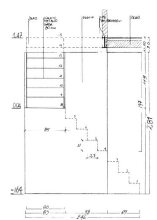

Prospetti / Elevations

In the rehabilitation of this old farmhouse, the creation of a staircase to link the ground-story kitchen with the living room above coincided with the creation of access through a corridor midway up the corner, leading to the bedrooms in the adjacent building. Entrusted largely with a distributive role, this compact staircase vaunts stylistic features which elude classification but perhaps hark back to the building's primitive rural architecture, albeit via purely "spontaneous" allusions. As such, the stair offers a self-sufficient attribute of the room consisting of two sections, one in concrete the other in iron, their path interrupted by a section of wall that creates a corner of interlocking Escher-like shapes which can be viewed as if from above or below.

A San Francisco un effetto monumentale e scenografico è ricercato nella soluzione del collegamento tra le due quote di una prestigiosa boutique. Posto sul fondo del negozio e a valorizzar-
ne la doppia altezza, un prezioso setto marmo-
reo, perpendicolare a una parete continua rosso
lacca, organizza lo svolgimento delle rampe
composte da gradini dello stesso materiale e
assegna consistenza plastica e materica al forte
slancio verticale così individuato.

Una quinta più bassa cela, dall'ingresso, la partenza della scala che appare così totalmente
schermata da un dinamico gioco di piani reciprocamente sfalsati, come fossero quelli di una
scena teatrale.

An imaginative approach has been taken to the
task of connecting two separate levels in this
prestigious boutique in downtown San Francisco. Installed at the back of the store and
making the utmost use of the extra ceiling height, an exquisite marble surface set perpendicular to a continuous wall in glowing red lacquer
lends context to the unraveling form of the staircase in the same material, imparting forceful
plasticity and a strong sense of upward momen-
tum. A lower wall screens off the base of the
staircase from the entrance, which almost
disappears in the dynamic interplay of reciprocally angled planes resembling the wings of a
theater set.

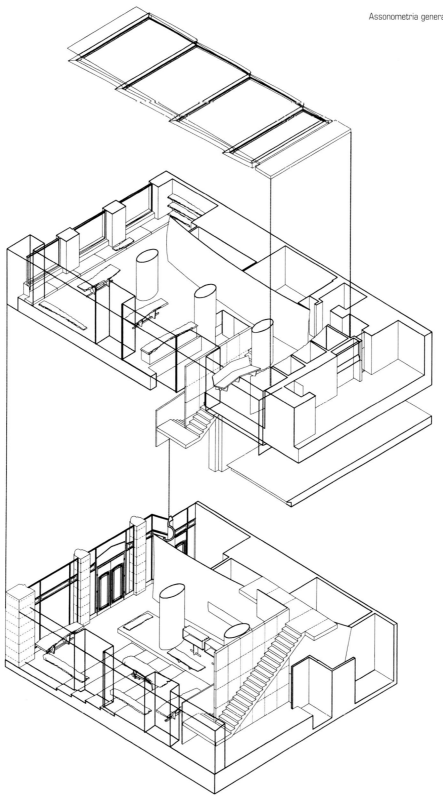

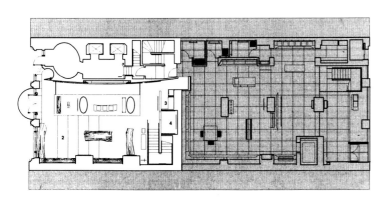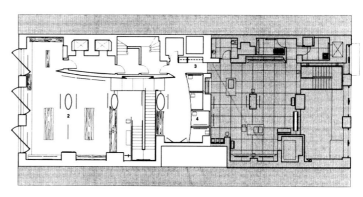

Piani terra e primo / Ground and first floors

Nel candore assoluto che caratterizza un appartamento newyorkese la scala bianca, che collega la zona giorno a quella inferiore delle camere, è una traccia lieve nello spazio, una fluida spirale di eccezionale leggerezza progettuale benché realizzata utilizzando un materiale consistente come il marmo, qui concepito come un prolungamento aereo della pavimentazione. Ne guida il tracciato curvilineo, entro il vano rettangolare, la struttura portante costituita da una barra metallica centrale, laccata di bianco, che aggancia e lega i pannelli d'acciaio posti a sostegno dei gradini che, così svincolati dalle pareti, appaiono lastre sospese, liberamente fluttuanti, quasi immateriali, come fossero impalpabili fogli di carta che assecondano, sovrapponendosi parzialmente l'uno all'altro, la rotazione della struttura e compongono, da una prospettiva dall'alto, una sorta di ventaglio tridimensionale che si trasfigura nel suggestivo nastro visibile alla quota inferiore.

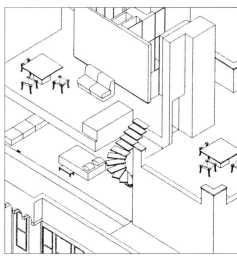

Assonometria generale / General axonometric projection

Amid the pearly ambience of this New York apartment, the white staircase connecting the day area with the lower bedroom story describes a sleek, fluid line through space that ingeniously renders a solid, durable material such as stone utterly weightless, and creates a sort of airborne extension of the marble floor. The curving structure rises within a rectangular enclosure, supported on a central white-painted metal shaft that clasps and binds the steel panels supporting the steps which, fixed shy of the wall, appear to be floating in space, almost immaterial, like overlaid sheets of paper that comply with the trajectory of the supporting framework and look from above like a three-dimensional fan that is transformed into an undulating ribbon on the lower story.

Nella difficile ristrutturazione e riqualificazione di un piccolo edificio civile, in Sicilia, seguite a un modesto ampliamento, la posizione e la conformazione della scala diviene la chiave interpretativa per risolvere l'intero progetto e la nuova distribuzione. Sfruttando un'area disponibile esigua, con interpiani piuttosto alti da superare, il nuovo collegamento è stato addossato al vecchio edificio riducendone così l'ingombro e la lunghezza delle rampe è stata contenuta grazie all'inserimento di una serie di piani intermedi. Nuovo connettore tra i locali disposti su quattro livelli, la scala è resa preziosa e suggestiva dalle finiture del vano in cui s'inserisce: pannelli di lamiera forata, come parapetti continui, lasciano solo trasparire le rampe vere e proprie tratteggiate dai gradini di rovere agganciati alla struttura di ferro e lastre di policarbonato fronteggiano luminose, opaline, le finestre sul lato opposto. In un gioco di luci e ombre la scala propone così viste continuamente variate e si offre come un percorso seducente.

Sezione / Section

The carefully planned location and configuration of this staircase, created as part of a fairly complex program of renovation and alterations made to a small civic building in Sicily – which also included the creation of a modest extension – offers the key to the physical organization of the resulting complex. Granted the somewhat limited space made available to the architect, and given the considerable heights to be scaled, the staircase hugs the wall of the old building, reducing its footprint as much as possible by means of long flights and a series of suspended intermediate landings.

Thus providing a new system of connectivity and distribution to the new four-story arrangement, the staircase's visual emphasis lies in the adroit styling of the chamber in which it is contained, its enclosure panels allowing a glimpse of the pattern of the flights and the oak treads anchored to the iron structure, the lateral support framework visible through the transparent polycarbon panels and illuminated via the large windows on the opposite wall.

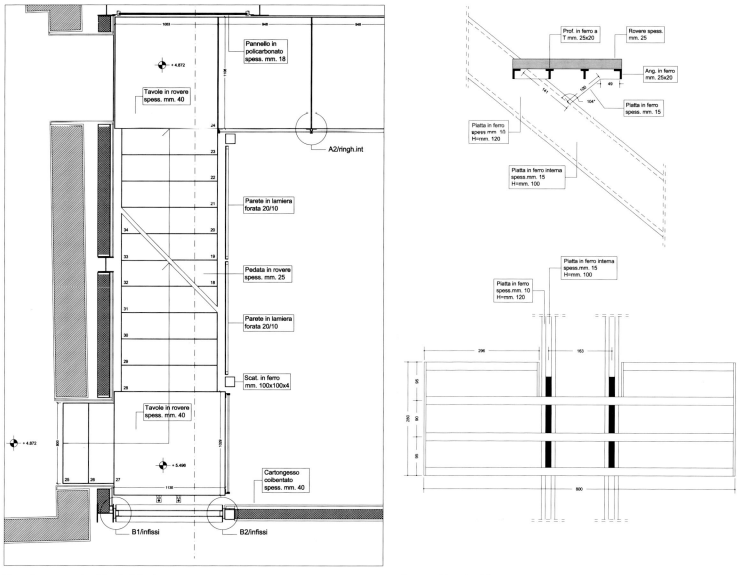

Pianta di una rampa tipo / Sample flight plan

Labels in the plan (left drawing):
- Pannello in policarbonato spess. mm. 18
- Tavole in rovere spess. mm. 40
- + 4.872
- A2/ringh.int
- Parete in lamiera forata 20/10
- Pedata in rovere spess. mm. 25
- Parete in lamiera forata 20/10
- Scat. in ferro mm. 100x100x4
- Tavole in rovere spess. mm. 40
- + 4.872
- + 5.496
- Cartongesso coibentato spess. mm. 40
- B1/infissi
- B2/infissi
- 1053   948   948
- 1135

Struttura del gradino / Step structure

Labels in the step structure (right drawings):
- Prof. in ferro a T mm. 25x20
- Rovere spess. mm. 25
- Ang. in ferro mm. 25x20
- Piatta in ferro spess. mm. 15
- Piatta in ferro spess. mm. 10 H=mm. 120
- Piatta in ferro interna spess. mm. 15 H=mm. 100
- Piatta in ferro interna spess. mm. 15 H=mm. 100
- Piatta in ferro spess. mm. 10 H=mm. 120
- 296   163
- 800

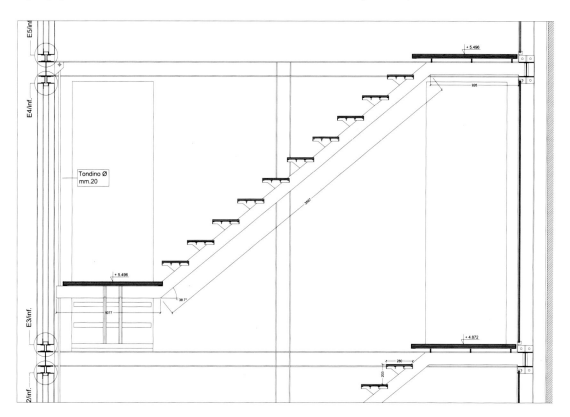

Sezione di una rampa tipo / Sample flight section

Labels in the section:
- Tondino Ø mm.20
- + 5.496
- + 5.496
- + 4.872
- 926
- 38.7°

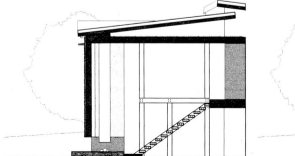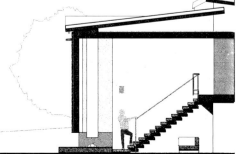

Prospetti della struttura e della scala / Structure and stair elevations

In una villa modulata dal punto di vista compositivo con grande attenzione ai temi della percezione nel rapporto architettura/natura, e così riccamente articolata dal punto di vista distributivo, la scala è un elemento scultoreo e grafico al tempo stesso. Essa appare una sorta di trasposizione minimalista di un'idea di scala aulica, di rappresentanza, che pare tuttavia annullare ogni valenza ed evidenza strutturale in un risultato essenziale. La struttura portante, annegata nella muratura, sostiene i telai a sbalzo che permettono di realizzare i gradini come parallelepipedi di legno. Essi acquisiscono così una consistenza plastica grazie al loro evidente, voluto, forte spessore. Piccoli volumi puri che, nel gioco di collisioni e interpenetrazioni, ricercate ed evidenti, che impronta tutto il progetto, trovano un raccordo, attraverso la pedana sospesa che rappresenta il primo gradino, con il volume del camino e la trasparenza dell'ampio taglio che permette al paesaggio di penetrare all'interno.

This staircase of singularly lean design offers a vital complement to a splendid villa that was styled with scrupulous attention to the building's rapport with its natural surroundings, and therefore the staircase's own striking articulation through the villa makes it a feature of outstanding sculptural and graphic cogency. The system first appears rather like a small-scale version of a processional stairway, for a public building, yet somehow manages to soften its impact and artfully dissemble its structural features. The support structure embedded deeply in the wall contains the framework to which the individual steps are anchored, each one forming a perfect parallelepiped in solid wood, whose intentional thickness gives a strong sculptural effect to the ascent. In perfect correlation with the house's design, the bottom step is designed as a suspended dais, its silhouette harmonizing with that of the fireplace and the ingenious oblong aperture that allows a view of the lush greenery outside.

Un convinto rispetto per l'architettura di Mies van der Rohe, progettista dei celebri Lake Shore Drive Apartments sul lago Michigan, contrassegna quest'intervento che ha ridisegnato un appartamento posto appunto agli ultimi due piani in uno di questi edifici. Geometrie e volumi puri reinterpretano l'idea modernista della pianta libera ma il progetto instaura una nuova dinamica spaziale connettendo percettivamente i due livelli proprio grazie alla scala che diviene il fulcro del nuovo assetto peraltro amplificando la ridotta altezza dei piani originari. Anche formalmente il collegamento assume un ruolo determinante disegnato com'è con decisione eppure con un risultato di grande leggerezza. Un'unica asimmetrica trave d'acciaio satinato, agganciata al piano superiore e a due colonne nascoste ma apparentemente poggiata solo in un punto a un massiccio blocco di legno nero, sostiene i gradini a sbalzo, dello stesso materiale, accentuando l'idea di una contrapposizione di forze instabili nel rapporto con il parapetto costituito da semplici fasce orizzontali che originano anche la balaustra al piano superiore.

A keenly felt regard for the architecture of Mies van der Rohe can be seen everywhere in the renovation of one of the suites on two upper floors in one of Mies's renowned Lake Shore Apartments on Lake Michigan. An eye for geometry and pure volumes characterizes the modernist concept of the open plan, in this case imbuing the suite with a new spatial dynamic by visually connecting the two levels by means of this staircase, a feature that has become the fulcrum of the new layout and amplifies the heights of the original floors. Likewise, at a formal level the new linkage assumes a forceful role while remaining nonetheless unassuming and lightweight. A single asymmetrical brushed steel beam set into the floor above and fixed to two hidden pillars gives the illusion of resting merely on a sturdy block of black timber; this element provides support for the cantilevered steps made of the same material, underscoring the sense of two forces counterposing each other in relation to the banister, which is composed of two simple horizontal bands that evolve into a railing on the floor above.

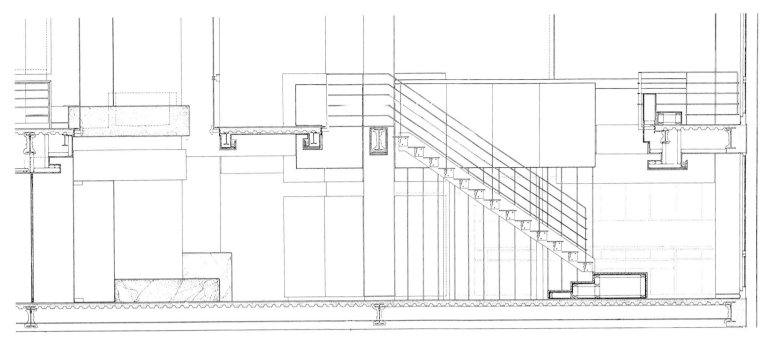

Prospetto / Elevation

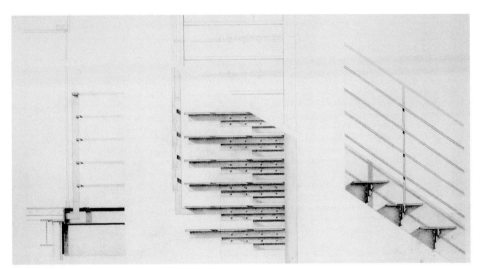

Prospetti del corrimano e dei gradini / Handrail and steps elevations

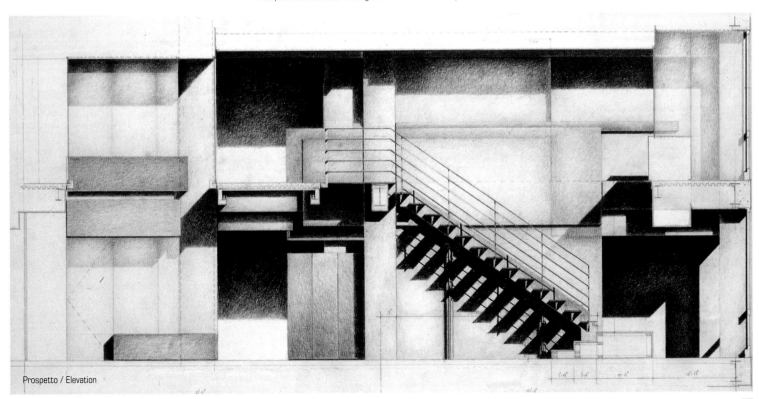

Prospetto / Elevation

34

CLAUDIO LAZZARINI
CARL PICKERING

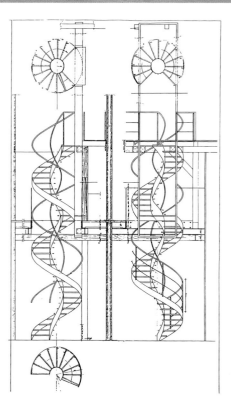

Piante e prospetti
Plans and elevations

Nastri eleganti tracciano lo sviluppo elicoidale di questa scala posta in un appartamento praghese a collegare la zona dell'ingresso con il sottotetto illuminato da un grande lucernario. Collocata al centro di un ampio vuoto di piano protetto da lastre di vetro trasparente e agganciata strutturalmente al portale posto al livello superiore e a un unico ancoraggio parietale, deve la sua lievità ai sottili cosciali di ferro e agli esili parapetti in tondino nonché al morbido movimento loro assegnato. Al colore scuro della struttura si contrappone, con un effetto grafico, il legno chiaro delle pedate inserite sui profilati che sostengono i gradini.

Elegant ribbons of metal unfurling in a spiral define this splendid staircase in a Prague townhouse linking the entrance hallway with the attic story brightly illuminated by a skylight. Inserted at the center of an ample empty section of the floor and protected by transparent glass panes, the staircase is structurally engaged into the portal situated on the upper level and anchored at a single point to the wall, and describes a harmonious upward flight of graceful metal flanking and slender rod railings. The dark color chosen for the structure itself is graphically offset by the pale wooden treads set into the brackets supporting the steps.

35

In occasione della trasformazione di un intero edificio nel centro storico di Praga, ora destinato ad accogliere negozi, uffici e appartamenti, è stata realizzata questa scala che connette piano terra e interrato nello spazio commerciale. La struttura, che organizza su un impianto a "U" lo svolgimento delle rampe corredate al piano terra da due simmetriche passerelle aeree, prevede una soluzione costruttiva di essenziale semplicità tuttavia capace di generare un segno spaziale preciso e caratterizzante. Più che occupare lo spazio questa scala ne diviene strumento di definizione: la sua gabbia strutturale autonoma, svincolata dalle pareti, a tutt'altezza, disegna

sottili riquadri componendo una sorta di geometrica intelaiatura campita solo dai parapetti costituiti da lastre di vetro, come si trattasse di un volume virtuale. Senza soluzione di continuità, la struttura principale genera anche i supporti, sempre costituiti da tubolari di ferro a sezione quadrata, sui quali poggiano le pedate di vetro sabbiato che paiono sospese nel vuoto. Si determina così un apparente annullamento del senso di gravità, come se le lastre fossero prive di peso, secondo un metodo caratteristico dei progettisti teso a smaterializzare i volumi.

As part of the comprehensive rehabilitation of an entire building in the historic downtown of Prague, now converted to host suites of offices, shops and apartments, this staircase was built to connect the ground story at street level with the basement shopping facilities below. The stair is devised with two aerial walkways set symmetrically around the U-shaped arrangement of the central stair. Despite its deliberate attempt to maintain a low profile, the staircase nonetheless generates a feature with a neat, distinct identity of its own. Rather than occupy the space, this staircase becomes one of the forces defining it: the self-sufficient enclosure, set shy of the walls and extending the full height, describes subtle forms that compose a sort of geometric framework filled only by the banisters, made of glass plate, which give a virtual, diaphanous effect. The main structure is seamlessly integrated with the system of supports, these too in square metal tubing, on which the sanded glass treads rest as if suspended in the void. In this way, the overall sense is one of defying gravity, with the steps floating weightlessly, in accordance with these two architects' tendency to break up and dissolve volume mass.

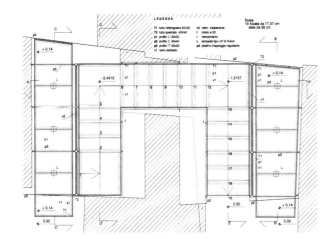

Pianta piano terra / Ground floor plan

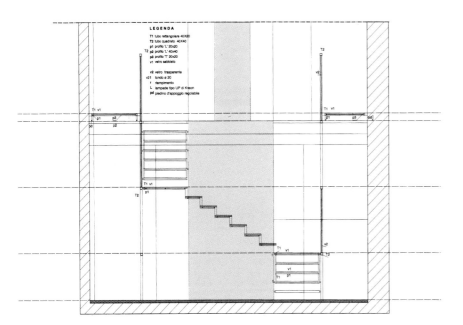

Sezione longitudinale / Longitudinal section

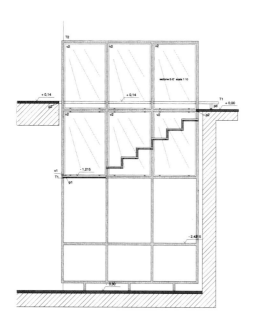

Sezione trasversale / Transverse section E - E

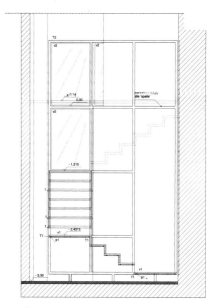

Sezione trasversale / Transverse section D - D

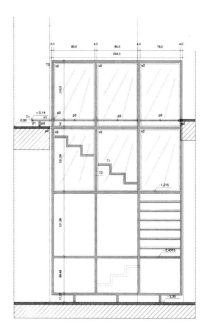

Sezione trasversale / Transverse section B - B

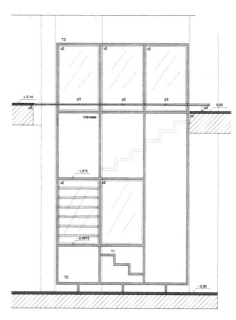

Sezione trasversale / Transverse section C - C

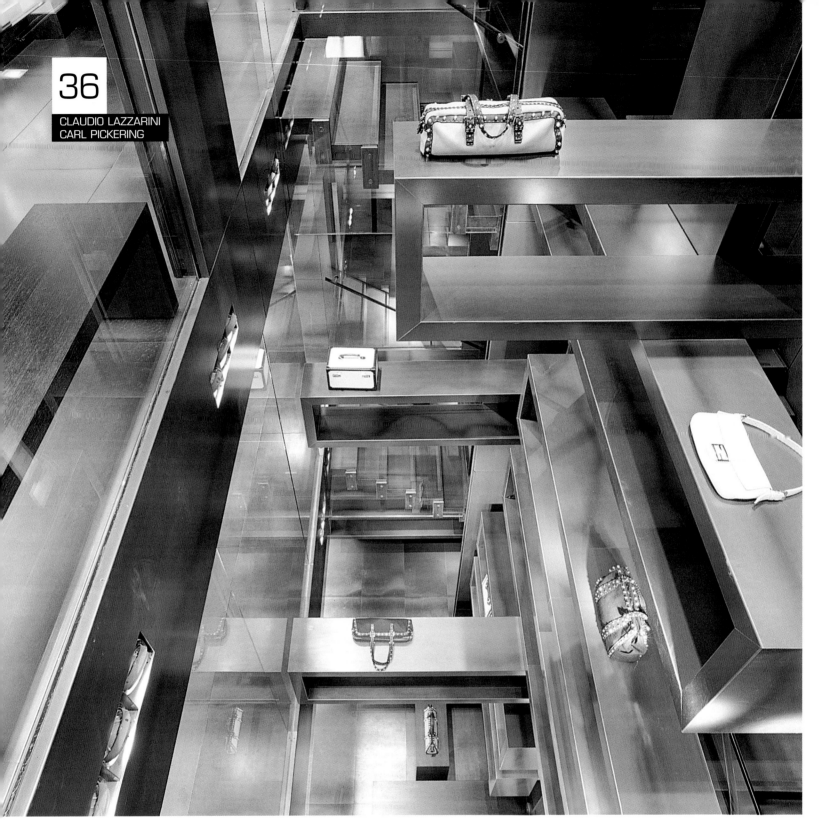

Una scala questa, come sempre nel lavoro dei due progettisti, che è anzitutto un'invenzione spaziale nella quale la funzione originaria è deliberatamente trasfigurata. Fulcro visivo di un importante negozio a Parigi, la scala ne collega i tre piani ed è intersecata da una serie di espositori, studiati come parallelepipedi svuotati, sospesi, di lunghezze diverse, divenendo essa stessa parte integrante del sistema espositivo. La coincidenza del materiale – ferro trattato – e delle sagome essenziali per i gradini e per i supporti agli oggetti, genera "ipotesi" di volumi, una sorta di vortice prospettico che annulla l'idea di un unico punto di vista.

As with all the work of these two architects, this project involves a reinvention of space by which the design's purported function is utterly transmogrified. Posing as a visual fulcrum of a busy store in downtown Paris, the staircase connects three floors and is intersected by an array of floating, oblong showcases of varying dimensions, whereby the stair itself becomes an integral part of the overall display system. The common use of treated iron and the basic silhouette of the steps and the supports for the items on display generates a set of "suggested" volumes in which the vortex of illusory view lines defies one's sense of perspective.

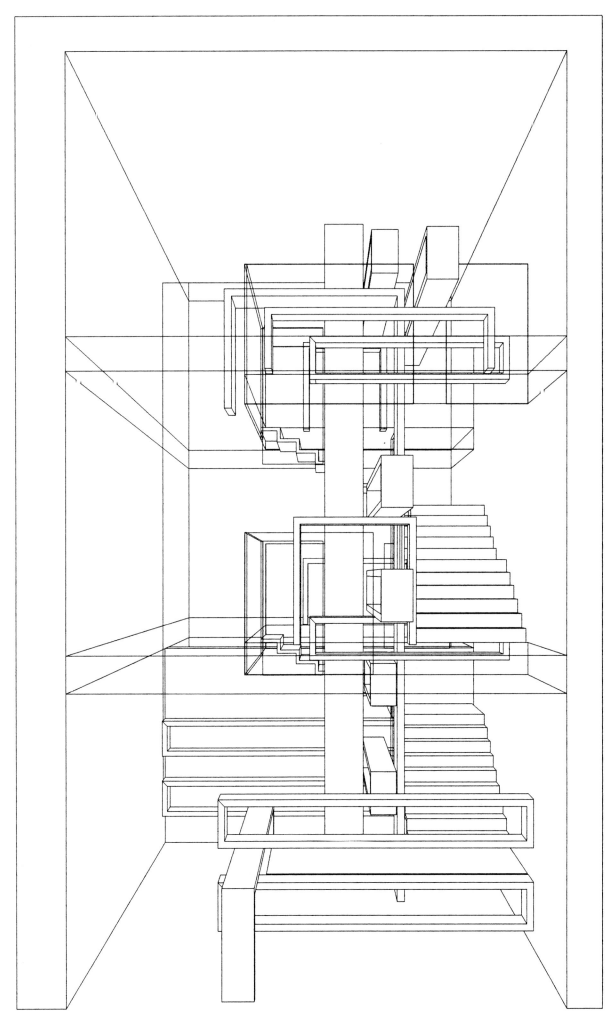

Vista prospettica / Perspective view

Entro un'ambientazione domestica caratterizzata dai toni morbidi del legno opposti al bianco dei rivestimenti parietali, la scala si caratterizza come un elemento formalmente autonomo. Realizzata come una sottilissima lastra continua in lamiera d'acciaio piegata, sembra inaspettatamente consolidarsi, in un gioco di ribaltamento dei pesi, nelle passerelle aeree, di spessore volutamente molto più consistente, posizionate in corrispondenza del nastro continuo delle aperture vetrate. Appoggiati su lunghe staffe agganciate alla copertura con tiranti, questi sottili volumi che attraversano lo spazio forniscono così anche un'inconsueta soluzione strutturale.

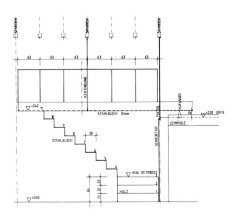

Pianta e sezione / Plan and section

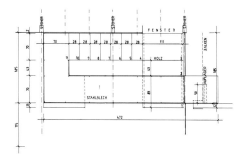

While amicably meshing with the host environment, which is characterized by a pleasant counterpoint of smooth white walls and pale wood fittings, this staircase's design features make it a formally independent entity quite distinct from its surroundings. Constructed in the form of an unbroken flow of undulating steel plate, the stairs connect readily with the various walkways, despite these often deliberately being of greater thickness and running the circuit of the perimeter windows. Resting on long girders suspended on tie-rods fixed to the ceiling, this array of aerial platforms affords an unusual structural solution for the division of the space.

In una villa in Brianza – raffinata rivisitazione di un padiglione per le feste degli anni Cinquanta – la scala che collega due terrazze al primo piano, adiacenti, con il solarium, è pensata per consentire un uso degli spazi esterni della casa, sulla base dei percorsi connessi alla piscina e al parco, che non interferisca con l'interno. Sul piano compositivo la scala è parte integrante del trattamento assegnato al primo piano che, volutamente distinto dal blocco inferiore di dimensioni ridotte, rinnova la corrispondenza con la tipologia originaria: così i gradini in massello di legno lamellare sono sostanzialmente assimilati alle doghe lignee che rivestono i fronti. Preziosamente sagomati – presentano una sezione triangolare smussata che li alleggerisce – poggiano su supporti agganciati al longherone centrale ancorato alla struttura portante dell'edificio. Il sostegno diviene così un segno grafico deciso cui corrisponde il leggero parapetto, composto da sottili cavi d'acciaio, corredato dall'essenziale corrimano anch'esso di legno.

Prospetto / Elevation

In the Brianza district north of Milan, in a converted pavilion built in the 1950s – the staircase that links up two adjacent terraces and sundeck on the upper story has been designed to make best use of the outdoor sections of the building, taking its cue from the pathways leading to the swimming pool and the villa's grounds, without interfering with the indoors. In compositional terms, the staircase forms an integral part of the first story above ground, its form deliberately distinct from the more compact lower section, in deference to the building's original destination as a pavilion: thus the steps in laminated wood are close in style to the wooden sidings on each facade. Gently sculpted to a triangular section in order to lighten their visual weight, the treads rest on brackets fixed to the central member, in turn anchored to the building's load-bearing framework. In this way the support becomes a cogent sign corresponding to the lightweight banister, composed of thin steel cables topped by a sleek handrail, also made of wood.

Questo sistema di collegamento, studiato per un'abitazione organizzata all'interno di uno straordinario edificio storico a Siena, risultato di un intervento settecentesco che ha annesso un'importante preesistenza medievale, narra una sorta di metafora urbana. Il raccordo tra la quota del soggiorno, concepito costanzialmente come una piazza, una sorta di "corridore" sopralzato attrezzato con librerie e la torre medievale sul lato opposto si svolge come un passaggio aereo che, afferma il progettista, è come un "parassita che vive in virtù delle specifiche condizioni dell'architettura che lo genera". Il suo sviluppo si adatta, cioè, al nuovo assetto distributivo aderendo alle strutture murarie e si aggancia al prezioso involucro della torre senza

Designed for a residence enclosed within a fabulous old palazzo in the city of Siena created in the eighteenth century by incorporating a medieval building alongside, this system of linkage is a sort of potted history of the city itself. The route from the large open living room, itself envisioned as a sort of indoor piazza, leads up a ramp to a raised corridor-balcony lined with bookshelves, while the medieval tower on the opposite side boasts an aerial passageway which, in the words of the architect, "is a parasite that exists by dint of the specific features of the architecture that inspired it." As such, the development of the entire route complies with the new layout, hugging the walls, as it were, and finally clinging to the vestiges of the

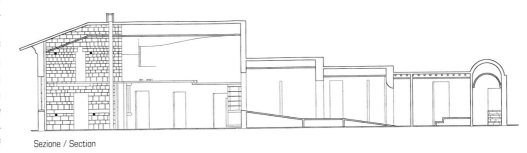

Sezione / Section

intaccarlo ma sfruttando gli antichi fori di carpenteria caratteristici di tutte le costruzioni medievali. Si genera così una sorta di promenade architettonica verso la torre, un percorso ritmato dall'uso di materiali diversi che relaziona visivamente tutte le componenti di questo spazio: alla rampa di cemento si lega la struttura di ferro arrugginito che compone il sistema dolle passerelle alleggerite dai piani di calpestio grigliati e, senza soluzione di continuità, il camminamento di legno che penetra nella torre e ne diventa il solaio.

medieval tower, leaving it untouched while taking advantage of the original scaffolding cavities that adorned the facades of such historical buildings. Facing the tower a gallant promenade is thus created which rhythmically unfolds with different materials that visually interrelate the discrete features of the space: the initial concrete ramp meshes with the rested iron girders that compose the steps and walkways, the latter's load lightened by grille inserts, and thence to the timber catwalk which penetrates the tower, becoming the loft.

La trasparenza della lamiera, forata a piccoli riquadri inclinati a 45 gradi, si presta a interpretare non solo la funzione di collegamento di un ampio vano che si sviluppa per tre piani ma anche il suo utilizzo come "biblioteca verticale" attrezzata con contenitori continui.

Il colore grigio rende figurativamente autonoma la struttura rispetto al volume che la contiene e ne valorizza l'articolazione che prevede il succedersi delle rampe al centro cui si raccordano, avvolgendole, le passerelle che consentono di accedere alle scaffalature. La permeabilità dell'organismo è peraltro promossa anche dalla soluzione lineare delle ringhiere e dei corrimano.

Rendered virtually transparent by countless minute square holes made at a 45-degree angle, the perforated sheet metal of this staircase not only provides the connective tissue for a spacious chamber ascending for three stories, but doubles up as an uninterrupted "vertical library" of storage units. The uniform gray of the cage-like enclosure distinguishes the stair system from the surrounding architecture, while emphasizing the arrangement of the regularly spaced walkways that afford easy access to the shelving. The heightened permeability of the entire system is further accentuated by the adoption of slim uprights and railings for all the banisters.

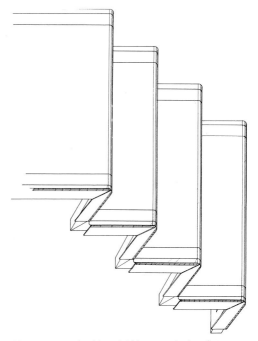

Vista assonometrica dei gradini / Axonometric view of steps

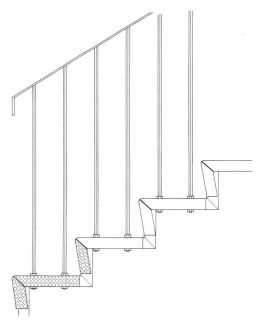

Prospetto / Elevation

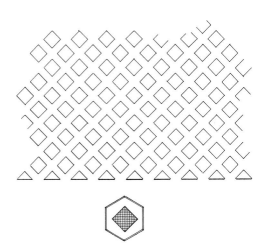

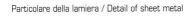

Particolare della lamiera / Detail of sheet metal

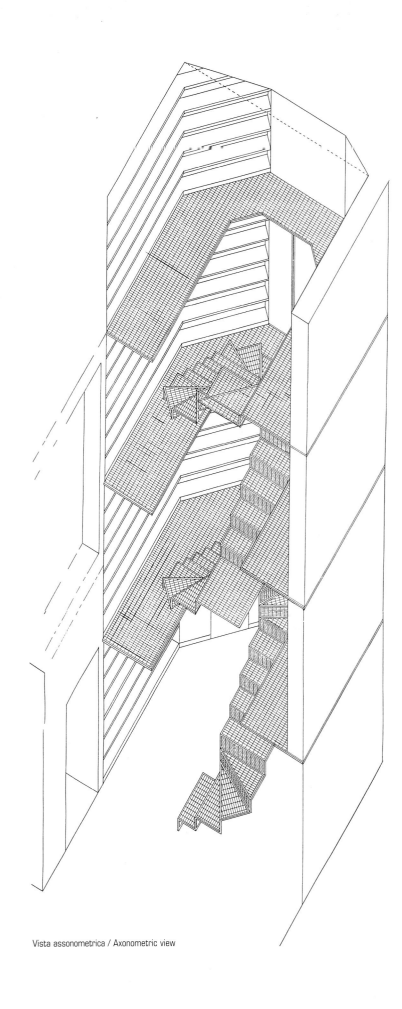

Vista assonometrica / Axonometric view

Le dimensioni ridotte dei tre piani che articolano un appartamento hanno suggerito il trattamento leggero delle due rampe che li collegano e l'adozione di una protezione semplicemente costituita da lastre di cristallo trasparente, a tutt'altezza, che fanno della scala una componente integrata del progetto complessivo. Le rampe di calcestruzzo, distaccate dalla muratura e dai cristalli che le delimitano, sono differenziate sia nella sagoma sia dalle finiture delle pedate: ardesia per la prima, come il pavimento del piano terreno e legno per la seconda come sottolinea il gradino che ne annuncia la partenza quasi fosse un prolungamento del rivestimento a terra.

The limited floorspace posed by this three-story apartment occasioned a lean, efficient solution for the two superimposed flights of stairs, resulting in a plain partition of plate glass running full height on both landings, which plays a structural role in the overall design. Set slightly in from the wall on the one side, and from the plate glass on the other, the concrete flights differ in both the style and outline of the treads: the first are in slate, like the paving of the ground floor; whereas the second flight ascends with wooden treads, announced by an all-wood box-like first step that suggests a continuation of the room's expanse of warm timber.

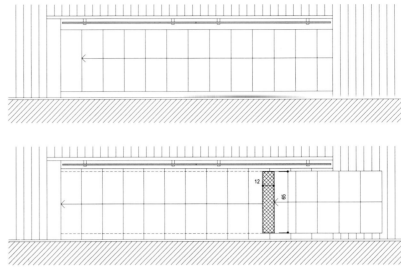

Piante primo e secondo piano / First and second floor plans

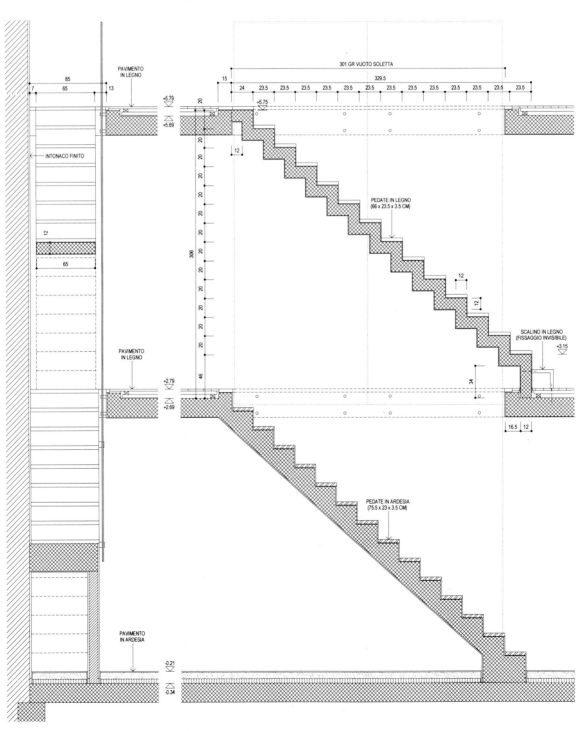

Sezione trasversale / Transverse section   Sezione longitudinale / Longitudinal section

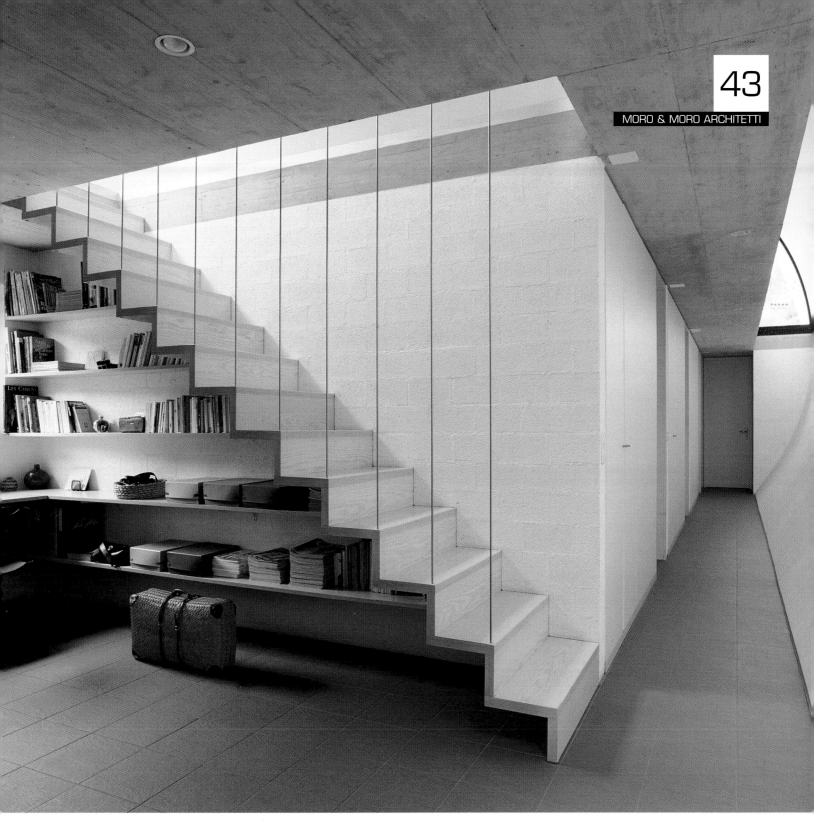

Un volume curiosamente cilindrico avvolge i due livelli di una casa unifamiliare in Svizzera generandone la copertura a volta e consentendo l'illuminazione naturale del piano interrato. Entro lo spazio così definito la scala segue invece un andamento lineare e qualifica un'intera parete per così dire in "positivo" e in "negativo". L'unica rampa è generata da alzate e pedate in multistrato di un certo spessore a comporre un profilo continuo ritmato dai sottili cavi d'acciaio, a tutt'altezza, che costituiscono il parapetto. Alla sagoma netta che si staglia sulla muratura bianca, di mattoni, fa da contrappunto l'attrezzatura di mensole del sottoscala.

A peculiar barrel-like enclosure contains the two stories of this single-family house in Switzerland, its shape generating a vaulted roof and permitting an unimpeded flow of natural light to permeate the entire basement floor. Despite this configuration, the staircase describes a form of its own, occupying an entire wall and creating a sort of alternating negative/positive path with a single flight of plywood treads and risers of a certain thickness, proceeding with a banister of slim steel stays anchored to the ceiling line. Making a neat counterpoint to the upper section of white walls, the area below the stairs is equipped with shelving.

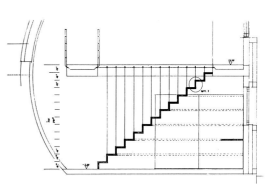

Sezione / Section

Posto esattamente al centro di un impianto quadrato, un imponente vano, nucleo di un ordine compositivo rigorosamente geometrico, accoglie la scala che collega i quattro livelli di una villa in Svizzera. La sua posizione baricentrica, indicata da quattro colonne a tutt'altezza, gode dell'illuminazione naturale garantita dai tagli fine strati che incidono i fronti della casa. Il vano, completamente aperto a partire dal primo piano, è articolato da essenziali rampe di cemento armato a vista che collegano livelli tra loro sfalsati. Rivestite solo nella parte superiore da piastrelle bianche sono valorizzate da lineari parapetti d'acciaio color antracite.

Occupying the center of a building of rigorously geometric design laid out on a square plan, this imposing staircase serves as the distribution hub of a villa in Switzerland, linking up four separate levels. Rising the full height of the building upon four corner pillars, the stairwell receives ample natural light via a series of apertures set into the front of the house. Devised as an open, transparent volume from the first story up, a clear view is provided of the essential flights of plain steps in reinforced concrete furnished with white tiled treads and slender anthracite steel parapets as they zigzag their way upward from level to level.

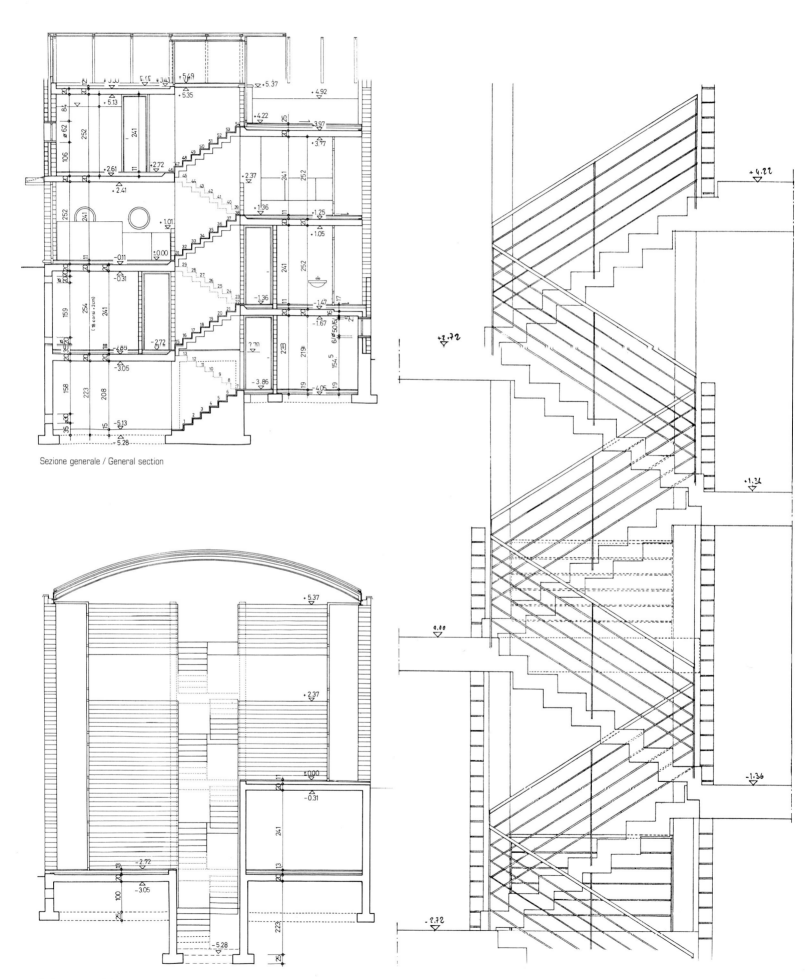

Sezione generale / General section

Sezione generale / General section

Prospetto / Elevation

Una piccola scala che in un'abitazione bolognese relaziona il piano inferiore a un'area soppalcata, dimostra come anche una soluzione a basso costo possa divenire un'occasione di qualificazione dello spazio. Il progetto tende a una semplificazione costruttiva e formale con un esito di grande leggerezza che minimizza l'impatto visivo del collegamento. Due piatti d'acciaio ne costituiscono la struttura completata da gradini di legno e da un esilissimo, elegante corrimano che si raccorda alla protezione del soppalco raggiungendo poi il soffitto.

This staircase of utmost simplicity linking the main living area of an apartment in old house in Bologna with an added mezzanine demonstrates how the need for a low-cost solution can sometimes end up as the very feature that qualifies the entire space it occupies. Pared down to the bare essentials in terms of both construction and form, the stair is so modest as to be self-effacing: two steel bars support a flight of wooden treads, guided by the most subtle of handrails, joining the mezzanine's banister and fixed to the timber ceiling beam.

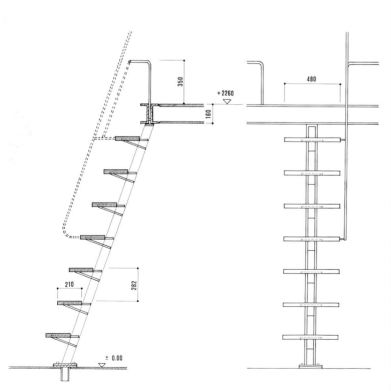

Sezione e prospetto / Section and elevation

La visibilità scenografica di questa scala, in uno spazio commerciale a Lisbona, è deliberatamente ricercata per segnalare l'esistenza del piano superiore come un livello facilmente accessibile. All'interno di uno spazio neutro, compositivamente rigoroso, dominato dai rivestimenti chiari, la scala è una componente preziosa, evidente, che si caratterizza per i pannelli di legno, rivestiti con foglie d'oro, concepiti appunto come fondali scenici, come elementi decorativi e al tempo stesso funzionali alla valorizzazione della doppia altezza. Uno di essi la percorre interamente scendendo dal soffitto del primo piano al pavimento del piano terra e costituisce il perno attorno al quale ruota la scala vera e propria con la sua struttura bianca a sostegno delle pedate composte da lastre di pietra chiarissima. Il parapetto d'acciaio satinato è un corredo visibile per gli spessori consistenti dei tubolari e rappresenta un voluto contrappunto metallico alla "cascata dorata" del sofisticato pannello centrale.

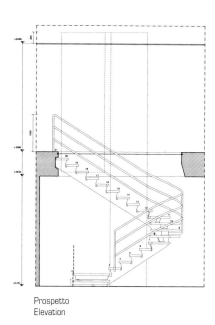

Prospetto
Elevation

The beguiling and rather theatrical effect of this staircase inserted in an elegant fashion store in Lisbon was contrived with the specific intention of signaling the presence of another sales floor above, and inviting customers to explore at their leisure. The setting itself is a uniform though rigorously composed ambience dominated by pale colors and fittings, wherein the staircase immediately draws the visitor's eye owing to its contrasting hanging panels finished in gleaming gold leaf, creating a scenic backdrop of strong decorative effect while indicating the upward continuation to the next floor. One of these panels hangs from the upper level right down to the bottom floor, and marks the start of the ascent up flights anchored to a white support framework fitted with smooth pale stone treads.

With its assertive rhythm of brushed tubular steel, the banister provides further visual clues as to the ascent and offers a striking contrast to the golden cascade of the central support panel.

In una casa ad Anversa, la scala, tracciata in pianta come un perfetto arco di circonferenza, collega lo spazio aperto della zona giorno con la soprastante terrazza attrezzata con una piccola piscina. La sua composizione deriva anche dalla necessità di assemblare in loco le varie componenti ma dà origine a un risultato curioso, formalmente suggestivo, che gioca sulla lucentezza fredda dell'acciaio e sulla geometria della sagoma zigzagante dei gradini mostrata sul lato interno, completamente aperto e ritagliata dalla balaustra piena, continua, sul lato opposto. Dal retro si genera così uno sfalsamento percettivo del ritmo dei gradini di grande efficacia anche scenografica. Il rivestimento in poliuretano giallo dei gradini rappresenta un invito al piano superiore dove la pavimentazione è risolta con lo stesso materiale.

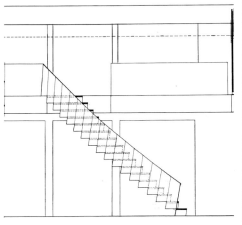

Prospetto / Elevation

This staircase made for a house in Antwerp that describes a perfect arc links the large open-plan living area with a raised patio equipped with a small swimming pool. Its composition stems in part from the technical necessity of assembling the various pieces on-site, but this has generated a highly arresting landmark whose visual appeal lies in the cold gleam of polished steel and in the zigzagging outline that the stairs reveal from below – visible from the completely unprotected inner side – and which is repeated along the base of the solid banister guarding the outer curve. Viewed rom below, the stairs communicate a staggered perception of the actual rhythm of the climb.
The bright yellow polyurethane treads are an invitation to ascend to the top, where the floor has been given the same coat of yellow polyurethane.

Sezione dei gradini / Section of steps

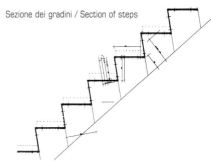

ALDO PARISOTTO
MASSIMO FORMENTON

Nelle colline trevigiane la ristrutturazione di un edificio risalente ai primi anni del dopoguerra ha mantenuto la struttura su tre livelli dell'impianto originario, ora articolato in due unità distinte, ma ha anche connesso percettivamente le diverse quote ricavando, in alcune posizioni, vani a doppia altezza collegati da scale. Una di queste unisce uno spogliatoio al primo piano con la camera da letto soprastante e si staglia, sintetizzando i criteri compositivi e formali adottati per l'intero intervento, su una sorta di fondale scenico costituito dalla parete di fondo bianca parzialmente rivestita con sassi di fiume. La struttura vera e propria, celata nella muratura, supporta un nastro di lamiera grigia piegata a comporre i gradini ai quali sono fissate pedate di legno chiaro di dimensioni ridotte rispetto all'appoggio, in modo da valorizzare sul fianco la sagoma continua della lastra metallica. Un esile corrimano d'acciaio asseconda semplicemente lo sviluppo della rampa con un tratto lieve che ne esalta la ricercata leggerezza.

Settled in the pleasant countryside around Treviso in the Veneto, this handsome residence built shortly after World War II has managed to keep its original three-story layout, but is now divided into two self-sufficient living units. Inside the house, the different stories have been joined up using a variety of methods, each one taking advantage of the extra ceiling clearance and creating linkage via new stairways. One of these connects a dressing room on the first floor with a bedroom above, and its silhouette stands out against a sort of theatrical backdrop composed of a blank wall, part of which is clad with stones and cobbles, summarizing, as it were, the rustic spirit behind the entire conversion scheme. The structure supporting the stairs, partially embedded in the wall, bears a running strip of gray bent metal composing the steps onto which the thin treads of pale wood are fixed, leaving a clear view of the flowing border of the metal. A slender metal handrail reiterates the climb, lending a welcome accent of grace to the whole.

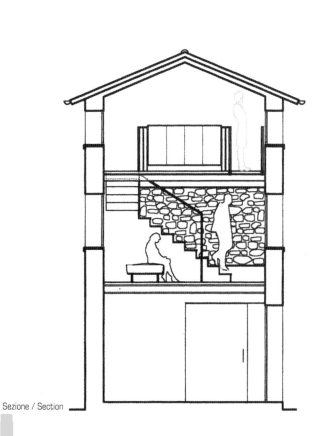

Sezione / Section

Nella ristrutturazione di un appartamento in un palazzo settecentesco, nel centro di Padova, la relazione tra il piano principale e la mansarda è stabilita da una scala leggera posta su una pedana che delimita l'ingresso e parte della cucina: due nastri d'acciaio brunito, fissati al pavimento e al solaio, si svolgono disegnando un tracciato elicoidale e contengono i supporti per le pedate di legno che, stabilendo un contrasto cromatico con la struttura, ne esaltano la fluidità.

As part of the renovation of an apartment in an eighteenth-century building in Padua, the connection from the main floor to the attic above was provided by a lightweight staircase resting on a dais delimiting the entrance hall and part of the kitchen. The staircase, consisting of two strips of burnished steel anchored to the dais and the ceiling above, describes a helical path bearing the wooden treads whose contrasting color outlines the stairs' flowing line of ascent.

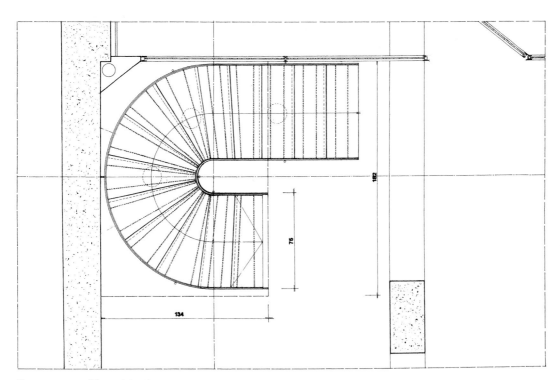

134   75   182

Pianta e prospetto / Plan and elevation

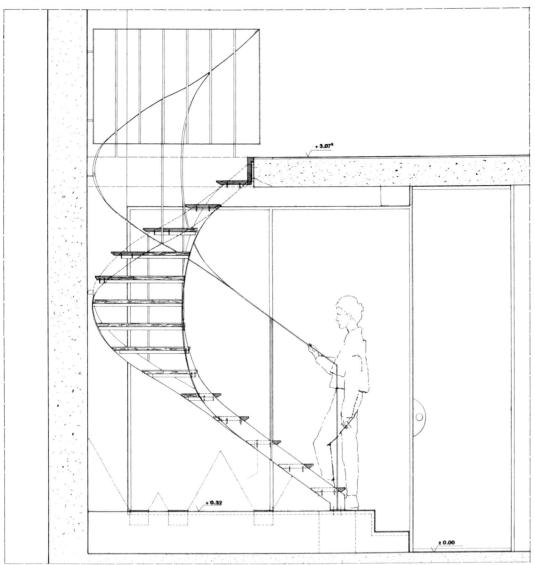

+ 3.07⁵

+ 0.32

± 0.00

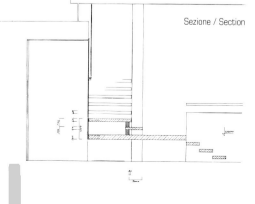

Sezione / Section

Emblematica di un modo d'interpretare il progetto come ricerca e sperimentazione intorno ai temi della gravità, della sospensione delle masse e dei piani, caratteristica dei progettisti riuniti sotto la sigla Pauhof, questa scala è un organismo composito che è parte integrante dell'impianto spaziale studiato per una villa in Austria. La struttura non è pensata come una componente autonoma, piuttosto come il risultato dell'intersecarsi di forze contrapposte, giustapposte, che si sintetizzano in un percorso stimolante, giocato sullo sfalsamento dei volumi e delle superfici. Un setto verticale di cemento armato scherma la rampa che raggiunge la quota della zona notte ma è affiancato da una passerella orizzontale, sospesa, che dall'ingresso raggiunge il soggiorno dopo essersi scomposta in pochi gradini. La conclude il parapetto forato, perpendicolare alla rampa di salita al piano superiore, cui fa da contrappunto la quinta, sempre di cemento, che cela la zona pranzo, alla quale sono sospesi i gradini d'accesso alla zona giorno. Concettualmente struttura e materia qui coincidono esemplificando una sorta d'astrazione compositiva e statica nella quale pieni e vuoti divengono valori emozionali dello spazio.

Distinctly emblematic of the Pauhof group's concept of architecture as a quest for weightlessness and the suspension of masses and floors in space, this staircase is a composite organism that forms an integral part of the spatial arrangement devised for a handsome villa in Austria. Rather than as something independent. the basic structure of the staircase is meant not to be perceived as the logical outcome of intersecting and opposing forces, all juxtaposed to one another, whose eventual synthesis produces a stimulating trajectory through space expressed via a set of rhythmically staggered planes and volumes. A vertical element in reinforced concrete shields the flight of steps that leads up to the sleeping area, while the landing placed at the entrance level descends toward the left with a few steps down into the living room, passing by a concrete wall that is punctuated with round port-hole openings, situated at the foot of the main stairs with the function of screening off the dining area. Conceptually speaking, both the structure and the materials combine to exemplify a sort of abstraction of composition and static values in which the contrast of mass and void generates a striking sense of space.

In un negozio di giochi e abiti per bambini, a Bruxelles, la scala che raccorda il piano terra dell'ingresso al livello superiore, è parte organica di un progetto che sostanzialmente utilizza i metodi e i modi dell'arte per restituire, in uno spazio commerciale, l'ambiguità, l'indeterminatezza, l'incoerenza sistematica della realtà contemporanea in una sorta di virtuale reportage metropolitano, come afferma lo stesso progettista. I pavimenti interpretati come marciapiedi e dunque disegnati quasi fossero murales su cui camminare sembrano prolungarsi, appunto, nel trattamento della scala. La struttura di cemento, protetta da scuri pannelli di lamiera sagomata che ne assecondano la pendenza, crea gradini interamente coperti di resina di vari colori, fatta colare irregolarmente a comporre contrasti cromatici gioiosi e al tempo stesso violenti, espressivi, irreali, che sembrano replicare artificiosamente e dunque trasfigurare i riferimenti visuali propri del mondo giovanile essenzialmente legati all'uso del computer, ai videogiochi, ai cartoon.

As affirmed by the architect himself, in this lively high-street outlet for toys and children's clothes in the heart of Brussels, the staircase linking the street level with the upper sales floor has been conceived as an essential and organic part of an overall design which exploits all possible ways and means to impart a sense of the ambiguity, indeterminacy and systematic incoherence of contemporary reality, expressed in the form of a virtual "reportage" of the metropolitan modus vivendi: here the shop's entrance floor is designed as a kind of continuation of the city sidewalk and has been decorated in the style of a mural, but laid horizontally and extending all the way up the staircase to the upper sales floor. The staircase's concrete support system is braced with dark metal panels that follow the rhythm of the ascent to create a succession of steps coated in resin whose surface is daubed with expressive, sometimes jarring colors that transfigure the visual reference points and reiterate the world of kids' videogames and cartoons.

Nella torretta angolare di un palazzo newyorkese, costruito in stile belle époque all'inizio del Novecento, l'eccezionale spazio è stato organizzato come una biblioteca circolare al livello inferiore e come un luogo di lettura e contemplazione al piano superiore. Il doppio volume, straordinario dal punto di vista tipologico, è parzialmente compreso nella cupola ed è trattato in modo unitario grazie al grande oculo vetrato, calpestabile, incastonato al centro della soletta tra i due piani. Fasciato da librerie di legno chiaro l'ambiente del livello inferiore appare come una sorta di rivisitazione della tipologia europea dello studiolo ed è collegato al piano superiore da una scala che asseconda nello svolgimento la conformazione della pianta e denuncia volutamente la sua contemporaneità nella scelta dei materiali. Un nastro di lamiera apparentemente continuo, in realtà composto da pezzi separati montati in loco, sostenuto in corrispondenza del pianerottolo da due aste agganciate alla struttura portante, sagoma i gradini con pedate solo parzialmente rivestite di legno in modo da valorizzare la continuità della lastra metallica su cui poggia il parapetto.

Situated in a New York building constructed in the Deco style of the early 1900s, the remarkable space afforded by the corner tower has been turned into a curved personal library on several levels, with a special reading area on a platform overlooking the main library below. The exceptional room height includes part of the dome, and the entire volume has been treated as a single entity from the typological standpoint, thanks to the large glazed platform inserted at mid-height between the two floors. The walls are lined with pale bookcases, making the lower section resemble the European idea of the learned man's studiolo; this is connected to the upper level by a staircase that follows the curve of the floorplan and unashamedly vaunts its use of wholly modern materials: a band of sheet metal – apparently continuous but in fact an assembly of separate parts and supported at the landing level by two solid brackets firmly anchored to the structural walls – defines the silhouette of the steps proper, only partially covered with thin wooden treads so as to expose the continuous metals base from which rise the essential railings topped with a wooden handrail.

In un tipico mews londinese della fine dell'Ottocento, una casa-studio ricavata abbassando l'originaria quota del pavimento e moltiplicando le superfici calpestabili con una serie di soppalchi, integra le funzioni domestiche a quelle di lavoro in uno spazio percettivamente unico, distribuito appunto su più livelli. I volumi accuratamente studiati in sezione, tra loro permeabili, sono connessi da sistemi di salita di sofisticata semplicità, formalmente coerenti con la finitura "povera" dei materiali di rivestimento o di quelli che identificano i vari piani di calpestio. Sottili fogli di lamiera d'acciaio non finita, ritagliati con il laser e fissati a pavimento e a parete, sono piegati dando origine, senza soluzione di continuità, ai piani sfalsati e alle strette "alzate" che compongono questi brevi collegamenti, in realtà piccole invenzioni spaziali.

Located in one of those typical small closed streets found in towns all over Britain known as mews, this one in London built in the late 1800s boasts a studio/home recouped by excavating a basement story and multiplying all the available square footage by creating a series of raised floors. The resulting premises mesh the domestic functions with those of a design studio in a single living space arranged on various distinct levels. All the spaces thus created are permeable to each other and are connected via stairs of sophisticated simplicity whose design and finishing touches comply discerningly with the "poor" materials used throughout, each element fitted in place in the floors and walls, resulting in a lively continuum of staggered levels linked by narrow step systems, which are, in truth, themselves small-scale spatial inventions.

Questa scala è la chiave compositiva di un edificio per uffici, nell'isola cilena di Chiloé, costruito in legno e lamiera di ferro galvanizzata come la casa anni Trenta che sorgeva nello stesso luogo. L'unica, elegante rampa è posta all'interno di un vano centrale a doppia altezza e traduce nel disegno lineare e nella scelta del materiale il senso di un'architettura che rintraccia nell'omogeneità cromatica e materica la propria espressività.

This staircase is the linchpin of the distribution system for a suite of offices on the island of Chiloé off the coast of Chile, built in timber and galvanized sheet iron, just like the 1930s house that stood on the site. The single, elegant flight of stairs lies inside the central two-story space and its linear ascent and choice of materials convey a concept of architecture that strives for a homogeneous palette of colors and materials.

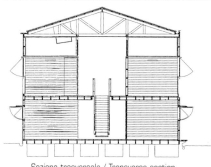

Sezione trasversale / Transverse section

Due parallelepipedi di pietra di dimensioni e lunghezze diverse, disegnati e posizionati come piccoli volumi indipendenti, obliqui, reciprocamente sfalsati, costituiscono un curioso raccordo plastico tra la scala e i percorsi che la raggiungono, contrassegnati dall'intersecarsi a pavimento di lastre di pietra e listoni di legno.

Il gioco di corrispondenze così annunciato è ribadito anche formalmente nell'inclinazione assegnata a questi primi due gradini che riproduce quella delle alzate della scala vera e propria: un nastro di legno che sviluppa due rampe di lunghezza diversa sostenute dalla struttura d'acciaio.

Two stone parallelepipeds of different dimensions and length – designed and positioned so as to form independent units, laid obliquely and reciprocally staggered – constitute a curious plastic link between the staircase and the various routes connected to it, characterized by the intersection at floor level of stone slabs and wooden battens. The interplay of forms thus expressed is formally underscored by the slope assigned to these two steps, presaging the start of the staircase proper, which rises in the form of a wooden strip that unfolds in two flights of different lengths, supported by a steel framework.

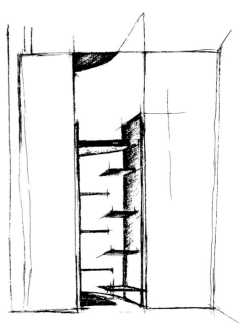

Schizzo prospettico / Perspective sketch

Sezione / Section

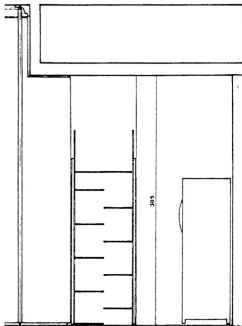

Installed in a Milanese showroom, this staircase linking a small exhibition space on the ground story with the mezzanine workshop overlooking the main room offers an altogether unusual solution to the problem of uniting the two levels. Squeezed into a corner no bigger than an embrasure, this system of ascent – in truth, a "non-stair" – rearranges itself variously as a ledge, as a display platform, or as a form of seat, snubbing its true function and instead becoming a totemic visual feature, a virtual landmark both abstract and plastic in nature whose concept and forms gamely advertise its minimalist parentage, while at the same time drawing on the ethnic tone of the exquisite jewelry laid out on display. Conceived as a self-supporting structure, the staircase is composed of two vertical metals plates engaged to the walls to which are welded a series of staggered ledges that function as steps. With its coat of clear varnish, the rough iron plate obligingly allows center stage for the objects on display while at the same time expressing a textural contrast to the pale walls enclosing it.

Curiosa e inusuale soluzione, questa, che collega in uno showroom milanese il piccolo spazio espositivo al piano terra con un soppalco-laboratorio affacciato sulla stanza principale.
Incastonato entro uno stretto vano, una sorta di feritoia, questo sistema di salita, questa "non scala", si rende disponibile come piano d'appoggio, come espositore o come seduta celando la sua reale funzione per divenire un elemento grafico, totemico, astratto e plastico che sul piano formale rimanda con evidenza a una concezione estetica minimalista e al tempo stesso interpreta l'ispirazione etnica dei gioielli presentati in questo ambiente. Ideata come una struttura autonoma, autoportante, la scala è costituita da due lastre parallele addossate alle pareti cui sono saldati a vista una serie di piani sfalsati che fungono da gradini. Il materiale utilizzato, la lamiera di ferro grezza finita con una vernice trasparente, per la sua consistenza "povera" vuole evitare la competizione con gli oggetti esposti e al tempo stesso esprime valori cromatici e percettivi che emergono nel contrasto con le pareti chiare.

In uno showroom, a Milano, la possibilità d'acquisire un nuovo piano ha comportato l'eliminazione del precedente collegamento, costituito solo da un ascensore, che è stato sostituito da un ampio vano scala pensato per favorire la percezione continua dei tre livelli e invitare quindi i visitatori a percorrere l'intero spazio. Al suo interno la struttura della nuova scala è realizzata con materiali freddi e di grande leggerezza visiva: travi d'acciaio centrali costituiscono la struttura portante e sostengono i gradini d'alluminio mandorlato protetti da semplici balaustre d'acciaio satinato. Una composizione rigorosa che rimanda a un'estetica di tipo industriale tesa essenzialmente a valorizzare l'ampiezza dei volumi senza interferire con essi sul piano figurativo.

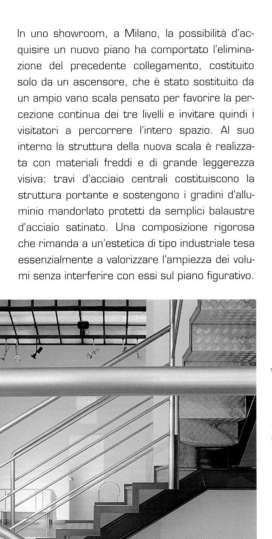

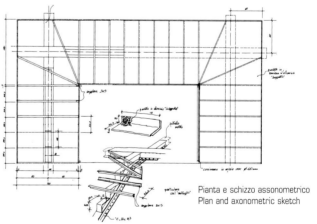

Pianta e schizzo assonometrico
Plan and axonometric sketch

The refurbishment of a large Milanese showroom involved the addition of an entirely new story and consequently the complete redesign of the system of vertical linkage. The existing elevator was eliminated and the resulting spacious stair well is now commanded by a alluring visual feature which visually accentuates the new three-story layout and thereby invites visitors to explore. The staircase itself is carefully understated and composed of cool materials: a climbing central steel girder supports flights of treads in indented aluminum furnished with brushed steel railings. Eye-catching but essentially sleek in design, the stair is careful not to steal the show, and even has a hint of the factory look, while it makes intelligent use of the spacious stair well.

Nel restauro che ha condotto alla trasformazione in abitazione di una piccola torre medievale, in un borgo nei pressi di Bologna, la scala, che connette quattro livelli oltre al piano interrato, assume una funzione non solo distributiva ma anche di riqualificazione spaziale. Adattandosi rispettosamente all'antico e prezioso organismo grazie alla sua leggerezza formale, garantita dalle sezioni minime dei due pilastri di ferro e delle lastre che li raccordano, conferisce continuità ai vari livelli anche per il percorso ininterrotto, dalla cantina alla copertura, di uno dei sostegni. Accostata alla parete sud dell'edificio, che resta così visibile, e sviluppata su un impianto elicoidale per i piani fuori terra, deve la sua connotazione architettonica anche all'effetto cromatico della finitura ossidata della struttura e dei parapetti forati cui si armonizza il legno delle pedate.

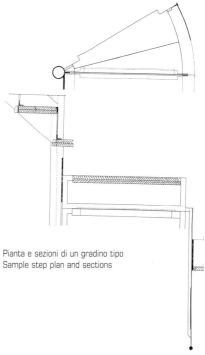

Pianta e sezioni di un gradino tipo
Sample step plan and sections

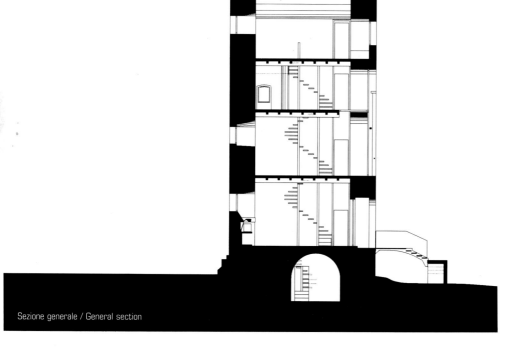

Sezione generale / General section

In the restoration project that has transformed this small medieval tower into a home in a suburb of Bologna, the role taken by the staircase linking four separate levels, plus a basement floor, is not merely distributive, but has gone toward requalifying the entire space it occupies. Deferentially blending with the old building fabric through its essential, self-effacing design, the staircase confers continuity upon the various different stories by means of the uninterrupted upward course of one of its supports from the cellar to the roof. Hugging the south wall and leaving this in full view, the stair develops upward with tracts of straight and curving flights for the floors above ground, and derives its distinctive character from the chromatic counterpoint between the wooden treads and the structure's oxidized metal finish and perforated metal banister panels.

In un loft newyorkese la scala che dall'ultimo piano conduce a una stanza contigua al terrazzo costituisce uno strumento di riorganizzazione dello spazio ponendosi tra l'ingresso e l'area living. Una vetrata, cui è addossata, la separa solo virtualmente dal soggiorno dal quale si gode un'eccezionale vista sui grattacieli di Manhattan. L'evidente riferimento alle atmosfere e ai criteri compositivi caratteristici degli ambienti domestici giapponesi, che ispira la ristrutturazione di questi spazi, si traduce nel trattamento della scala soprattutto per l'attenzione rivolta alla creazione di vani nascosti, ripostigli, contenitori. Così sotto il sottile nastro di legno chiaro dei gradini, il vano del sottoscala diviene utilizzabile ma è anche una composizione astratta di piani sfalsati, di superfici bianche di dimensioni diverse: cassetti in realtà, la cui differente profondità non rende necessarie le maniglie. Si origina così un volume inaspettatamente dinamico derivato da geometrie a incastro modulate sulle cromie riposanti del legno alternato al bianco.

Providing access from the top floor of a New York loft to an upper room lying adjacent to the panoramic roof terrace, this gently undulating staircase has provided a vital linchpin for the reorganization of the space, dividing the entrance from the living room, with only a glazed opening to virtually screen it from the latter, whose windows afford a superb view of the inimitable skyline of Manhattan's towers. The reference to Japanese design for the refurbishment of the interiors illustrated here is evident in the care the architects have taken in establishing hidden volumes and storage space everywhere: the undulating line of pale wooden steps protected by an single elementary handrail ascends over a series of container/drawer units, all painted white and each one of a different shape and depth, and set slightly at an angle, thereby exempting them from requiring a handle. The outcome is an unexpectedly dynamic arrangement of volumes derived from interlocking shapes, softened by the modulation of the pale wood and overall white surfaces.

In this art gallery in Brooklyn, the staircase connecting the lower exhibition floor with the upper level – where a suspended walkway leads the way to an attic office suite – posits itself as a self-contained feature but also contributes a vital, organic component of the overall layout of studied volumes which are interconnected according to a language that makes extensive use of concrete, carefully downplayed by the various detailing. The long staircase with its rough concrete finish can be concealed behind a solid white partition that swings round in an a wide arc so as to accommodate whatever exhibition is in progress; the flank of the staircase offers a large solid-looking blank surface inscribed with the outline of the rising flight of steps and the occasional narrow batten of pale wood. The horizontal one crosses into the steps themselves, marking the start of the banisters. These in turn provide contrast with the raw concrete but complement the delicate frosted glass panels which conceal the steel handrail and are riveted to the wall with sturdy anchor plates. The combination of all these elements and materials produces a staircase of striking visual appeal.

In una galleria d'arte, a Brooklyn, la scala che collega il livello espositivo con quello superiore dove una passerella sospesa conduce al soppalco nel quale sono collocati gli uffici, è al tempo stesso un elemento autonomo e una componente organica di una composizione accurata che struttura volumi puri connessi tra loro secondo un linguaggio che fa largo impiego del cemento ma si addolcisce di dettagli sofisticati. La scala, appunto in cemento grezzo, che può essere completamente occultata da un'enorme parete bianca, rotante su di un binario a terra e studiata per predisporre allestimenti diversificati, appare sul fianco come una parete piena, massiccia, incisa dalla sagoma netta dei gradini e da sottili profili di legno chiaro. Quello orizzontale, con un'idea raffinata, si prolunga fino a rivestire uno dei gradini in corrispondenza della partenza delle balaustre di protezione. Queste, a loro volta, arricchiscono la ruvidezza del cemento contrapponendovi la delicatezza delle lastre di vetro acidato che celano il corrimano d'acciaio e sono visibilmente ancorate alla parete con grosse staffe imbullonate in un gioco di contrasti di grande efficacia anche scenografica.

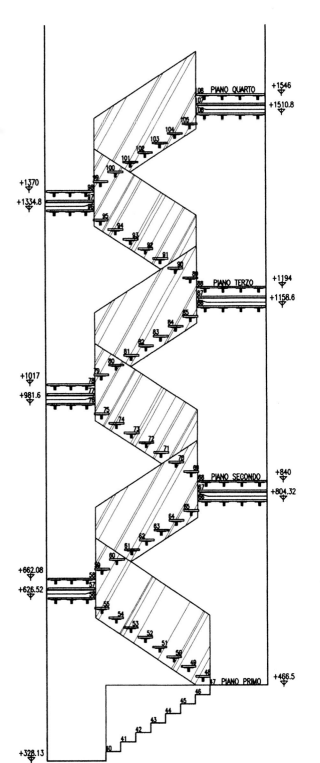

Un effetto di notevole leggerezza e al tempo stesso un risultato monumentale contraddistinguono questa scala importante che collega i cinque livelli di una boutique milanese. I gradini a sbalzo in granito nero, che sembrano fluttuare nel vuoto, sono protetti da parapetti costituiti da lastre intere di cristallo, fissate alla struttura metallica di sostegno con cilindri d'acciaio, che accentuano l'essenzialità figurativa di questa soluzione la cui apparente semplicità è in realtà frutto di un accuratissimo progetto tecnico e di un'efficace illuminazione.

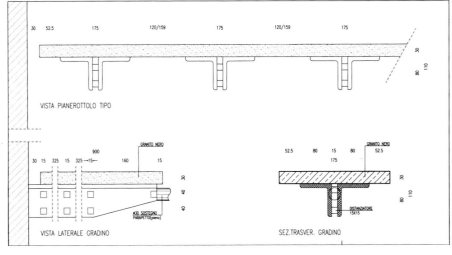

Particolari del gradino / Step details

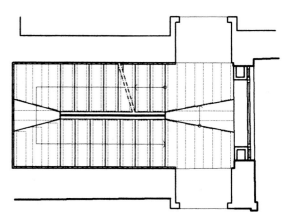

Sezione e pianta / Section and plan

An inventive admixture of weightlessness and monumental solidity are the defining characteristics of this important staircase linking all five levels of a boutique in the city of Milan. The protruding treads in black granite, which seem to float in space, are protected by parapets composed of solid slabs of crystal anchored to the metal support framework by means of steel cylinders that point up the essential lightness of this apparently simple solution, which is actually the fruit of a complex technical application and ingenious lighting system.

Built, one might say, in the style and with the same consummate skill, materials, and techniques used during the Renaissance, this extraordinary staircase designed by an artist/craftsman is the new outstanding addition to a fifteenth-century building listed as national heritage, situated in the rolling hillsides of the Romagna Apennines. The host building has undergone a complete conversion for use as a health and fitness center, and the entire structure of the stair in question is composed of a range of different types of wood, all meticulously joined together without the use of bolts, nails, or glue; all the material was first treated with an ecological protective coating and then finished with a quality beeswax polish. The staircase's support framework is centered on a spiral array of eighteen timber upright supports, and was modeled digitally and subsequently built to scale. The innovative design of the staircase rising in the midst of the framework involves of a set of stairs winding around a helical ascent generated by boards laid endwise and whose profile derives from the perception one has of rotary and rectilinear motion when climbing a spiral staircase. But the most remarkable feature of this intriguing system is that each piece has been fashioned by hand in a workshop, and then assembled on-site under the supervision of its creator.

Un progetto "rinascimentale" nei metodi, nei materiali, nella tecnica e nei risultati straordinariamente suggestivi quello sviluppato da un artista/artigiano per questa scala realizzata in una struttura quattrocentesca, vincolata dalla Soprintendenza, trasformata in un centro di salute nel cuore degli Appennini romagnoli. L'eccezionale struttura, che ha dovuto corrispondere a una rinnovata idea di ergonomicità anche per persone con problemi di deambulazione nonché a criteri antisismici e di resistenza al fuoco solo utilizzando materiali naturali, è, appunto, interamente realizzata con legno di varie essenze e completamente priva di viti, chiodi o colla, protetta con vernici ecologiche e finita con cera d'api. Entro l'impalcatura strutturale a pianta centrale con diciotto montanti, studiata al computer come una gabbia reticolare peraltro collaudata su modelli a grandezza naturale, il sistema di salita prevede un'innovativa rampa elicoidale con gradini sinusoidali, generati da listelli posti di taglio, la cui sagoma è derivata dell'osservazione della combinazione del movimento rotatorio e rettilineo di chi salga una scala a chiocciola. Ma l'eccezionalità di questa scala consiste anche nella tecnica di realizzazione che ha previsto la lavorazione manuale di ogni pezzo in laboratorio e nel montaggio tutto artigianale seguito dal suo ideatore.

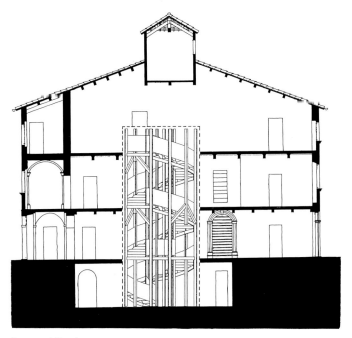

Prospetto / Elevation

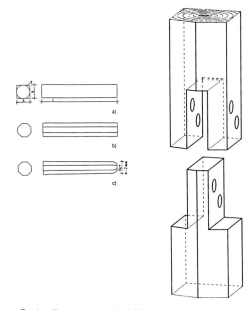

Tecnica d'incastro con spinotti di legno / Joint with dowels

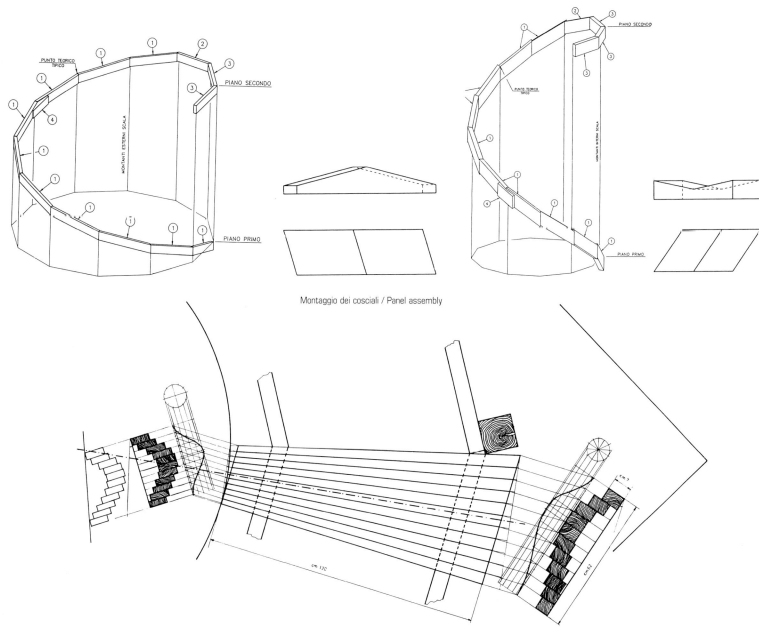

Montaggio dei cosciali / Panel assembly

Particolare del sistema costruttivo dei gradini / Detail of step construction system

Designed originally as a prototype and subsequently patented, this staircase inserted into an open space within an automobile dealer's showroom is an truly astonishing concentration of design ideas and creative invention. Seen in plan, the staircase lies on a narrow ellipse linking two levels of the showroom spanning a considerable variance in floor levels and formally joining up with the balustrade that cordons off the mezzanine. The design and the materials chosen for its creation are organic to the host space and while it betrays a certain compositional rigor it is replete with sculptural features. The elliptical plan generates a series of slender flights of stairs that wind round the reinforced concrete pillar to which the self-standing structure is anchored by a single joint. Steel plates finished in anthracite gray are non-structural features that serve to reduce vibration and mark the trajectory; these contain the steps proper, devised as luminous elements forming authentic lamps. The milk-white facing and the acid-etching of the individual crystal treads allow the fluorescent light to filter up from the flared sheet-metal casing contained beneath each step.

Studiata come un prototipo e protetta da copyright, questa scala, inserita nello spazio aperto di un concessionario di automobili, è densa di contenuti progettuali. Pensata in pianta su una stretta ellisse collega i due livelli dello show-room superando un consistente dislivello e raccordandosi anche formalmente alla balaustra che protegge il soppalco. Il suo disegno e i materiali scelti per realizzarla sono organici al progetto dell'intero spazio improntato a un certo rigore compositivo e tuttavia denso di valenze plastiche. La pianta ellittica genera rampe leggere che avvolgono il pilastro di cemento armato cui è agganciata la struttura autoportante per mezzo di un unico vincolo. I cosciali d'acciaio color antracite, non strutturali ma solo funzionali a ridurre le vibrazioni, ne segnano lo svolgimento e contengono i gradini pensati come elementi luminosi, assimilati a vere e proprie lampade sotto il profilo normativo. Le pellicole bianco latte e l'acidatura delle lastre di cristallo utilizzate come pedate contribuiscono alla diffusione delle luci fluorescenti alloggiate all'interno delle vasche strombate di lamiera sottile che compongono la parte inferiore dei gradini.

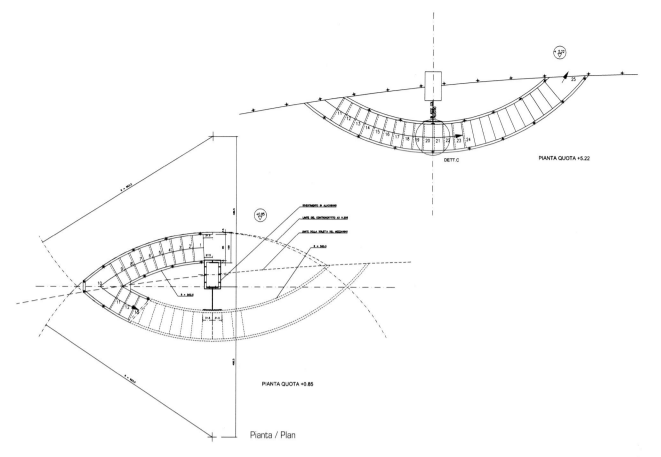

PIANTA QUOTA +5.22

PIANTA QUOTA +0.85

Pianta / Plan

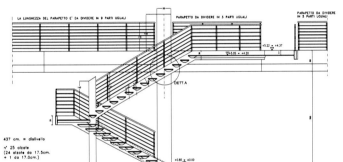

LA LUNGHEZZA DEL PARAPETTO E' DA DIVIDERE IN 9 UGUALI

PARAPETTO DA DIVIDERE IN 3 PARTI UGUALI

PARAPETTO DA DIVIDERE IN 5 PARTI UGUALI

DETT.A

437 cm. = dislivello

n° 25 alzate
(24 alzate da 17.5cm.
+ 1 da 17.0cm.)

Sezione / Section

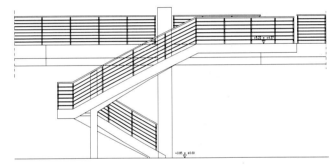

Prospetto / Elevation

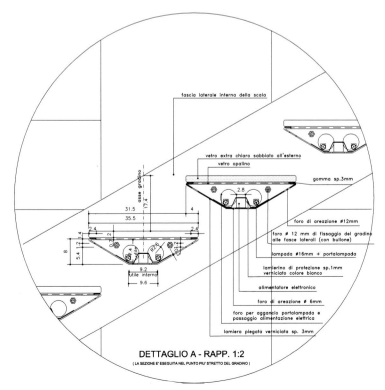

fascia laterale interna della scala

vetro extra chiaro sabbiato all'esterno
vetro opalino

gomma sp.3mm

foro di areazione ∅12mm

foro ∅ 12 mm di fissaggio del gradino
alle fasce laterali (con bullone)

lampada ∅16mm + portalampada

lamierino di protezione sp.1mm
verniciato colore bianco

alimentatore elettronico

foro di areazione ∅ 6mm

foro per aggancio portalampada e
passaggio alimentazione elettrica

lamiera piegata verniciata sp. 3mm

DETTAGLIO A - RAPP. 1:2
(LA SEZIONE E' ESEGUITA NEL PUNTO PIU' STRETTO DEL GRADINO)

Particolare costruttivo del gradino / Detail of step construction

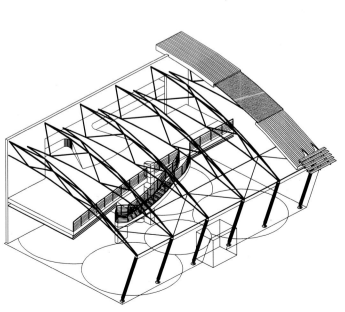

Vista assonometrica generale / General axonometric view

Appare come un surreale bosco metallico, in tondi d'acciaio spazzolato, affogati nella struttura in cemento armato del piano seminterrato, il parapetto della scala che collega i tre livelli di una villa. L'intreccio fitto dei "rami" accompagna senza soluzione di continuità lo sviluppo variato della scala: i "classici" gradini rivestiti con lastre di pietra rosa dal seminterrato al primo piano si trasformano nelle rampe superiori costituite da gradini a sbalzo, ancorati alla struttura antisismica annegata nelle pareti perimetrali, caratterizzati in continuità da pedate di pietra rosa apparentemente poggiate sulle curiose scocche arrotondate che attribuiscono al collegamento una forte valenza scultorea.

The immediate impression one gets of this staircase linking the three levels of a villa is one of a metallic, tree-like outgrowth of brushed steel rods firmly embedded in the solid concrete foundation of the basement floor, and evolving to form the banisters. The intricate network of "branches" follows a continuous but irregular upward development, with a series of "classic" steps clad in pink stone from the basement to the first story; this continues with a flight of jutting steps anchored to the system of quakeproof reinforcements embedded within the perimeter walls, with treads in pink marble that appear to float on the curious rounded bodywork, giving the whole a striking sculptural appearance.

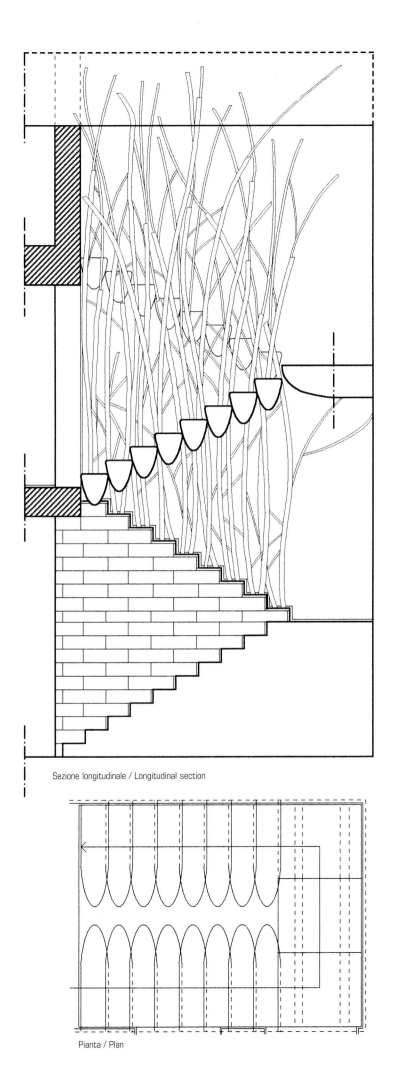

Sezione longitudinale / Longitudinal section

Pianta / Plan

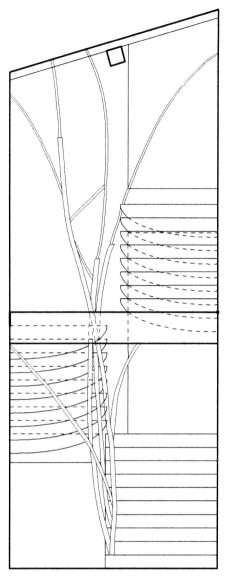

Sezione trasversale / Transverse section

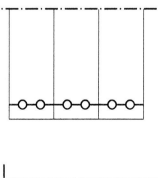

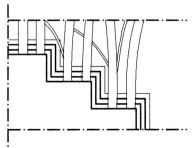

Pianta e sezione dell'aggancio del parapetto
Plan and section of guardrail connection

65

STUDIO D'ARCHITETTURA
SIMONE MICHELI

L'impianto tradizionale di questa scala è stato trasfi-
gurato dalla sorprendente soluzione del parapetto
composto da "canne" d'acciaio spazzolato, variamente inclinate, che sembrano percorrerne l'intero
sviluppo. Accanto a questi elementi scultorei anche
i materiali che costituiscono la scala vera e propria,
utilizzati in maniera spregiudicata, concorrono a
questa sorta di disinibita rilettura del tema in oggetto. Il legno che riveste i gradini gioca un voluto contrasto con la parete di specchio al piano terra che
alleggerisce il volume dell'ascensore e con quelle
chiare del primo piano, d'acero decapato, segnate
da sottili profili d'alluminio. La voluta irregolarità delle
sagome di tutti i rivestimenti parietali è ulteriormente esplicitata dalle lastre di vetro satinato che affio-
rano, acuminate, alla quota della mansarda costi-
tuendone l'inconsueta protezione.

The original layout of this staircase has been
dramatically transmogrified with a running banister of cane-like rods of brushed steel, slanting
in various directions and seemingly running the
entire length of the staircase. Alongside these
vibrant sculptural elements, the constituent
materials of the stairs proper are employed with
creative, spontaneous flair and produce an unre-
strained revision of the item in question. The
wooden facing of the steps is deliberately played
off against the mirror-clad wall on the ground
story, reducing the sense of mass of the elevator, and against those on the middle story in
treated maple with delicate aluminum trim. The
studied irregularity of the profiles of all the wall
fittings is enhanced further by the panes of
sanded glass that taper up to the level of the
attic, creating an unusual type of screen.

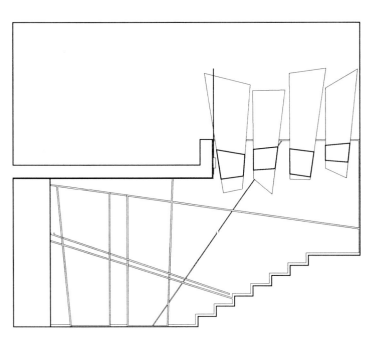

Sezione longitudinale / Longitudinal section A - A

Sezione longitudinale / Longitudinal section B - B

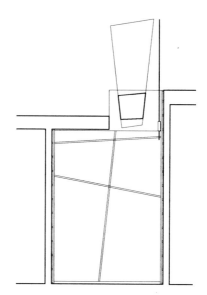

Sezione trasversale / Transverse section C - C

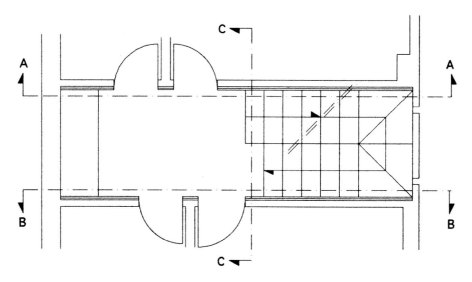

Pianta / Plan

L'invisibile struttura portante, annegata entro la muratura, ha permesso di ottenere l'effetto minimal che caratterizza questo collegamento a un soppalco. I gradini di pietra appaiono così come brevi segmenti sospesi che tratteggiano la parete grezza, riducendo al minimo l'ingombro sia fisico sia visivo della scala. Anche il corrimano d'acciaio lucido è una traccia sottile e scintillante che disegna nello spazio una curva leggera.

The support structure has been so ingeniously embedded into the wall to minimize its presence that this stairway leading up to the mezzanine becomes virtually invisible. The stone treads emerge as brief suspended segments silhouetting the rough wall, reducing to a minimum the visual and physical mass of the stairs, while the sleek handrail in polished steel describes a gentle, glistening curve unfurling effortlessly through space.

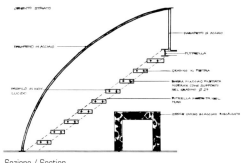

Sezione / Section

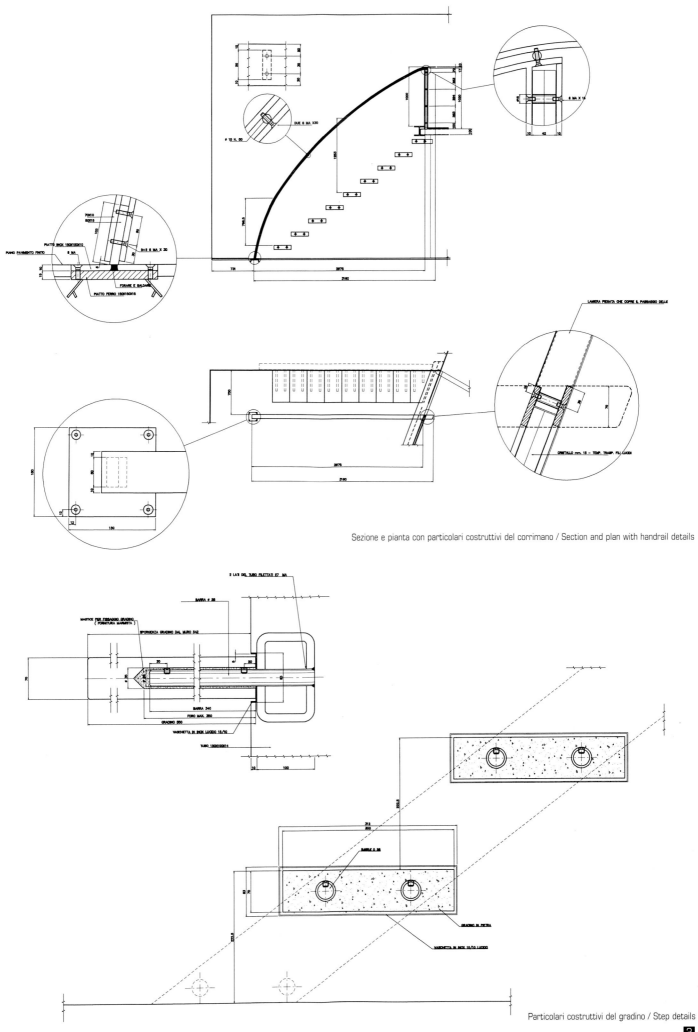

Sezione e pianta con particolari costruttivi del corrimano / Section and plan with handrail details

Particolari costruttivi del gradino / Step details

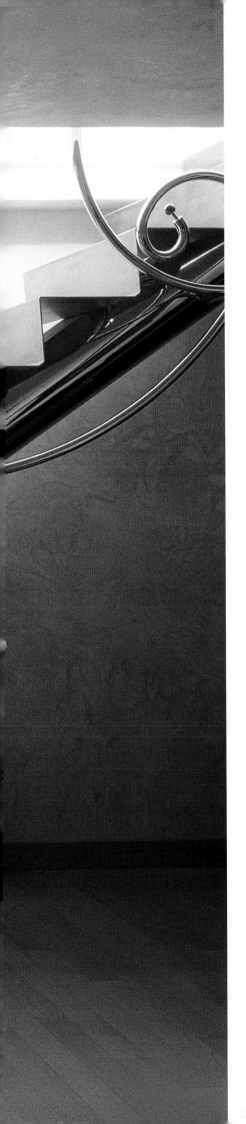

A Milano, in un appartamento su più livelli, questa scala permette di raggiungere il terrazzo dalla quota del superattico e s'inserisce nello spazio come un segno leggero benché fortemente caratterizzato. L'accostamento di materiali e cromie dagli effetti contrastanti, mutevoli, scintillanti, metallici, la contraddistingue dando origine a un tracciato proporzionato e leggero, di grande pulizia formale, funzionale alla valorizzazione del morbido disegno del corrimano. La struttura portante costituita da una putrella baricentrica, a svincolare il collegamento dalla parete, è occultata e impreziosita da una lastra curvata d'acciaio lucido e sostiene i sottili gradini in lamiera di rame piegata e fiammata apparentemente continua. Alla struttura si aggancia anche il corrimano in tubolare d'acciaio inox, opportunamente curvato su disegno a tracciare sinuose linee spiraliformi che si concludono in raffinate volute.

In this ample apartment evenly distributed over several floors in a Milan townhouse, the new staircase leads up to the patio from the second attic, and insinuates itself through the space with considerable economy of line, while nevertheless communicating a distinct character of its own. The interesting juxtaposition of materials and often contrasting color scheme with their shifting, glistening, metallic effects make the staircase stand out strongly with its elegant proportions, lean yet functional figure and mellifluous handrail design. The main structure calls for a central beam to hold the stair clear of the wall; this is elaborately hidden by a curved plate of shining steel and sustains slender steps made of bent copper plate that ascend in an apparently continuous flow. Attached to the framework is the tubular stainless steel handrail, whose smooth flowing spirals terminate in exquisite volutes.

In this apartment situated in Milan, the new staircase providing communication by means of three brief flights running perpendicular between the two floors offers a striking visual fulcrum to the apartment's entire scheme. The sloping enclosure wall boldly partitions off the entrance from the adjoining dining room, and tends to characterize the space it occupies. The stair proper is engaged to a solid-looking partition of gleaming polished steel which has long cracks snaking down from an irregularly sculpted border trimmed along its upper surface with a strip of undulating copper. In a complex, brilliant interplay of the glistening surfaces of the two metals copper and steel, the entire room is reflected in the highly polished face of the partition, which cradles the start of the upward flight, and finds correspondence in another alternation of reflecting and rough metal surfaces in the steps themselves, which ascend as if generated by this glistening partition and the neighboring structural wall.

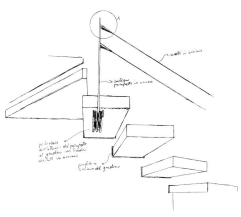

Vista assonometrica di particolari costruttivi
Axonometric view of structure details

In un appartamento milanese la scala che si sviluppa per tre rampe e collega due livelli, posta come cerniera visiva tra l'ingresso e il pranzo, è definita come un elemento dominante che tende a caratterizzare l'intero spazio. Una grande quinta d'acciaio lucido funge da schermo alla zona pranzo ed è concepita come un elemento plastico, scultoreo, dal profilo irregolarmente sagomato che sembra rompersi in sottili "crepe" che s'incuneano entro la superficie d'acciaio a partire dal bordo di rame fiammato. Il gioco dei contrasti metallici, messo in atto opponendo il rame all'acciaio nella parete lucente e specchiante dalla quale si origina la prima rampa, trova corrispondenza nell'analoga contrapposizione di riflessi metallici e ruvidezza applicata alla scala vera e propria che, volutamente, sembra generata dalla quinta d'acciaio e dalle pareti limitrofe. La pietra degli essenziali gradini a sbalzo oppone un peso materico alla leggerezza dei semplici corrimano d'acciaio curvato corredati da sottili tiranti utilizzati come parapetto.

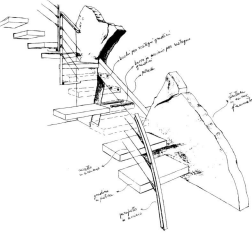

Vista assonometrica / Axonometric view

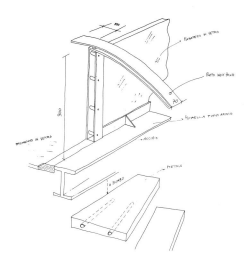

Vista assonometrica di particolari costruttivi
Axonometric view of structure details

In un edificio industriale degli anni Venti, converto in bar e ristorante, il nuovo collegamento tra i due piani è particolarmente inventivo sul piano tecnico e formale. Inserita entro un grande varco quadrato, che riporta alla luce la maglia strutturale in cemento armato, leggermente ruotato rispetto alle coordinate ortogonali del l'impianto planimetrico, la scala è un organismo complesso costituito da elementi autonomi dal punto di vista strutturale, formale e materico. La prima rampa, con gradini in lamiera di ferro è mobile e contenuta in un involucro di policarbonato. A essa si raccorda la seconda rampa concepita in realtà come una passerella di cemento armato, inclinata, a sbalzo, sullo sfondo di una parete lignea. Infine la terza rampa è un elemento sospeso al soffitto del piano superiore con tiranti metallici ed è progettato come un tappeto meccanico. I gradini di legno chiaro, incisi sui fianchi dal filo sottile dell'anima d'irrigidimento in lamiera di ferro zincato, sono concatenati l'uno all'altro da cerniere metalliche che costituiscono anche l'aggancio alla struttura portante. I parapetti sagomati, fissati ai tiranti, con il loro colore giallo rafforzano il dinamismo hightech di questa struttura.

In this extensive factory premises built in the 1920s, now converted to a bar and restaurant, the new system of vertical communication linking the two stories is the outcome of considerable technical and formal invention. Enclosed in a large square-shaped opening extending the full two levels of the building, the stair leaves the host framework visible, and rises slightly skewed with respect to the site's orthogonal grid, offering a complex organism of components that show complete independence in terms of the structure, form, and materials adopted. The first flight of stairs with its steps in iron sheet metal is a self-sufficient mobile unit contained in a polycarbonate enclosure; this leads to a second flight, actually a sloping ramp of reinforced concrete, cantilevered against a wood paneled backdrop; the third and last flight is suspended from the sill on cables, and presents the visitor with a mechanical "carpet" of sorts. The steps in pale wood, defined on the sides by the narrow course of the metal framework of zinc-plated iron, are bracketed to the support system. The profiled banisters anchored to the tie-bars are in a forceful yellow, emphasizing the overall high-tech dynamism of the structure.

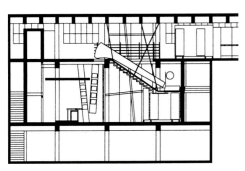

Sezione / Section

In un duplex a Torino, nel quale la nuova distribuzione ha sovvertito i criteri tradizionali collocando la zona giorno al livello della mansarda e la zona notte al piano sottostante, la scala partecipa alla riorganizzazione degli spazi, particolarmente controllata date le dimensioni della casa, divenendone protagonista. L'obiettivo di ridurre il più possibile il suo ingombro, dal punto di vista compositivo e percettivo, si traduce nella ricerca continua di leggerezza espressa dai gradini disegnati come parallelepipedi puri, sospesi, contrassegnati dal legno chiaro delle pedate, come quello dei pavimenti, ma smaterializzati dalle fasce lucenti, specchianti dei frontalini. Addossati alla libreria a tutt'altezza, che enfatizza la verticalità del vano, nel raccordarsi al piano superiore divengono elementi ancora più inconsistenti, sono semplici superfici di vetro trasparente, poggiate su un'esile struttura bianca, che catturano la luce proveniente dalla finestra ritagliata sul tetto per illuminare anche la zona buia al piano inferiore.

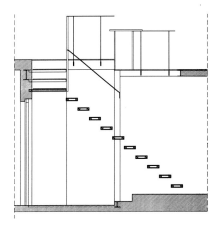

Sezione / Section

In a duplex apartment in Turin – in which the new spatial arrangement has blatantly subverted the traditional layout criteria by locating the day area up on the attic story, and the sleeping quarters on the floor below – this new staircase has played a determining role in reorganizing the rooms, particularly given the limited space afforded by the site. The aim of the staircase's design is to pare down the structural mass as much as possible, an aim that entailed employing lightweight open treads composed of essential ledges made from the same pale wood as the floors, each one with a reflecting front trim to dissolve their consistency further. As the steps ascend they become ever more evanescent, evolving into mere surfaces of diaphanous transparent glass resting on a lightweight framework that is engaged in the wall and painted an ethereal white. Harnessing the natural light flooding in from the skylight, the overall translucency allows light to filter down as far as the lower floor.

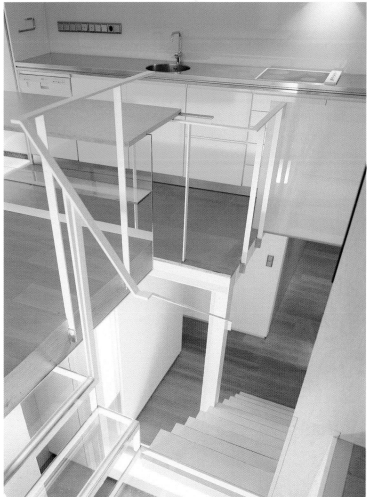

In una chiesetta convertita in abitazione il collegamento tra il livello di progetto della zona living e la quota preesistente della mansarda è un intervento sofisticato sul piano compositivo e realizzativo. Concepita come un volume quasi metafisico, come una sorta di aggiornata riedizione delle compresse scale di servizio ai pulpiti, la scala, a chiocciola, è contenuta e chiusa entro i suoi parapetti continui, in realtà composti da due lastre accostate impreziosite dal corrimano tubolare leggermente distaccato. Oltre che dal colore bianco latte dello smalto che la riveste, omogeneo al trattamento del pavimento, il suo svolgersi compatto è reso lieve dall'impiego di un materiale come la lamiera di ferro che consente di assottigliare al massimo lo spessore delle sezioni portanti. I gradini sono così simili a un nastro continuo ripiegato come evidenziano i primi tre che, rettilinei, si liberano dei parapetti contraddicendo la circolarità dell'impianto.

In the unusual setting of a converted neo-Gothic chapel, the staircase linking the downstairs lounge and living area with an existing upper story, now an attic floor, required some fairly sophisticated compositional and technical invention. The stair is conceived as a sort of metaphysical entity, intimating the classic stairway up to a pulpit, as it were, and is contained within continuous banisters which are actually two panels equipped with slightly detached handrails in tubular steel. The blanket white of the paintwork, matching that of the floors, and the carefully contained dimensions maintained in the design, are further lightened by the use of materials such as sheet metal, allowing for the thinnest of forms even for the load-bearing elements. The step system itself is therefore reduced to a mere flowing ribbon of treads, most clearly seen in the first three, which issue from the banister, contradicting the circular path of the system.

In occasione della stessa trasformazione di una cappella neogotica in abitazione rappresentata nel servizio precedente, il collegamento tra il piano d'ingresso e il livello superiore è il fulcro dell'intervento. Ribadendo la simmetria dell'impianto originario la connessione è stabilita da due scale uguali e simmetriche, ai lati del portone d'ingresso centrale. Una sottile ironia le caratterizza per l'evidente ammiccare a certo monumentalismo barocco tuttavia privato di significati magniloquenti grazie al radicale svuotamento dei volumi: solo nastri metallici, d'alluminio, sostengono le pedate di legno chiaro componendo le due rampe distaccate dalle murature e si raccordano al primo piano con una passerella grigliata che alleggerisce la consistenza visiva della soletta. Anche i corrimani tubolari, sostenuti da piantoni, accentuano l'effetto di sospensione di queste strutture e valorizzano il succedersi di curve opposte. In un'ambientazione così fortemente connotata, l'essenzialità del disegno e la lucentezza dell'alluminio fanno di questa doppia scala un elemento straniante che acquista un valore progettuale e scenografico proprio nell'evocare stilemi poi negati, nella creativa rinuncia a ogni rivisitazione storicistica.

Another new feature included as part of the same neo-Gothic chapel conversion discussed in the previous presentation, this staircase linking the apartment's entrance level with the floor above acts as a logical fulcrum for the entire rehabilitation scheme. Taking its cue from the symmetry of the original layout, the new linkage involves a twinned arrangement on either side of the central entrance. In truth the design betrays a touch of complicity in its pseudo-baroque monumentalism, albeit sotto voce thanks to the telling dematerialization of the elements involved: mere strips of metal, aluminum, bear up the treads of pale wood, composing two flights detached from the wall and joining at the first floor with a metal walkway perforated to lessen the visual mass of the sill. Similarly, the tubular handrails supported on slender posts enhance the almost hovering effect of the flights, accentuating the succession of opposed curves. Given the marked connotations of the host building, the linear simplicity of the design of these two stairways appends an almost foreign element whose design and visual strengths lie in the allusion to otherwise negated stylistic traits, without lapsing into mere historical re-evocation.

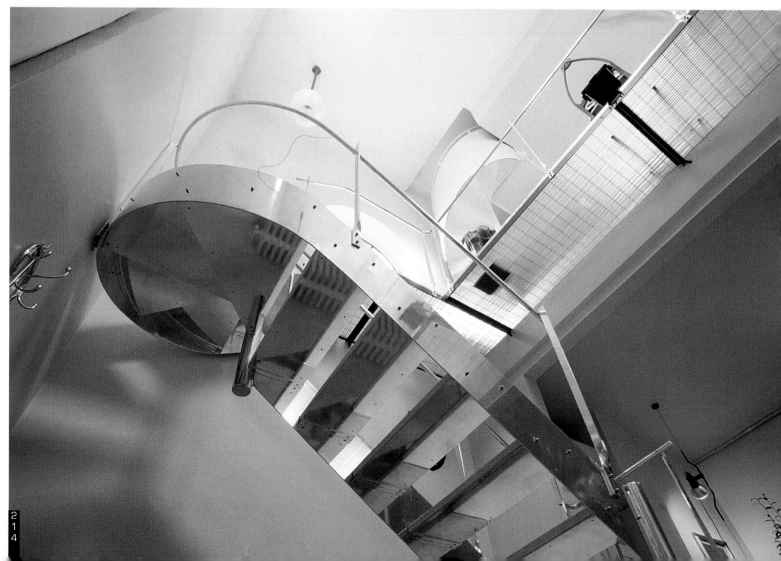

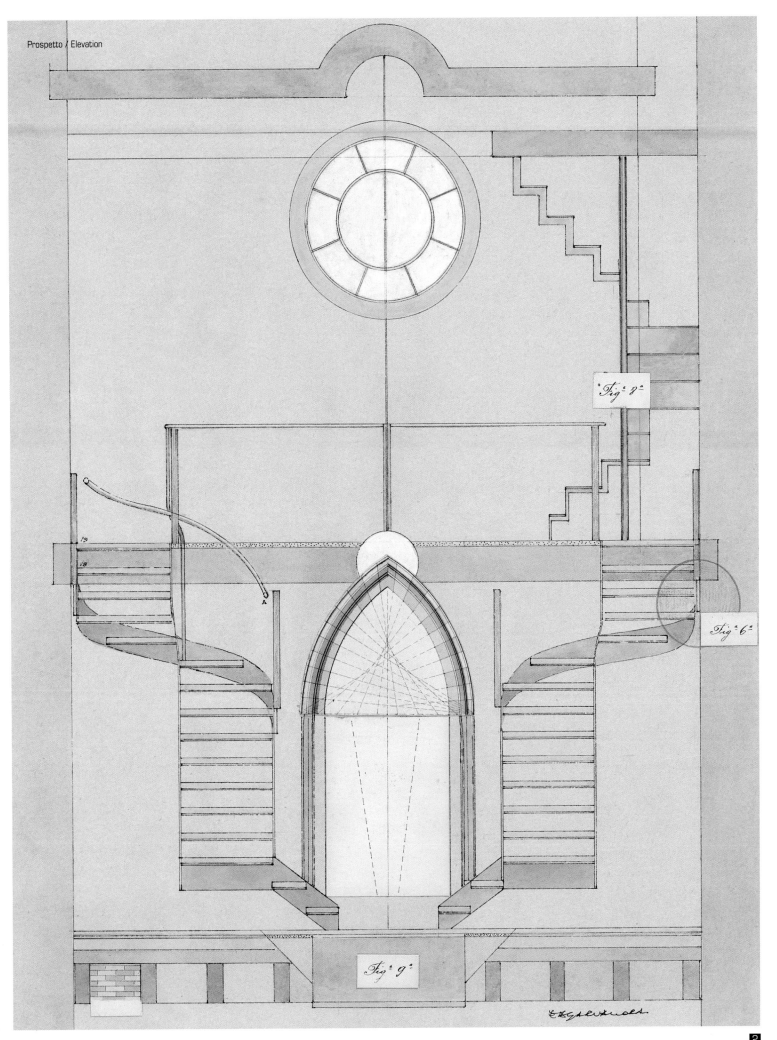

Fig.ª 8.ª

Fig.ª 6.ª

Fig.ª 9.ª

In un negozio, a Bruxelles, tagli sottili incidono una quinta candida lasciando intravedere il nastro bianco della scala che collega due livelli. Sul lato opposto un parapetto continuo, pieno, anch'esso rigorosamente bianco, ne segue semplicemente la pendenza. La rampa unica, che asseconda la longitudinalità dello spazio, costituita da una struttura di cemento armato con preziosi gradini rivestiti in marmo bianco, è così definita sul piano formale dagli elementi che la delimitano. Un gioco compositivo ricercato che, nell'alternanza di pieni e vuoti, nell'omogeneità cromatica del bianco assoluto permette d'integrare la scala nella composizione generale.

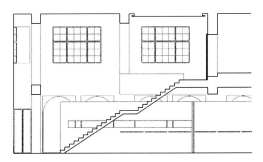

Sezione / Section

This diaphanous installation in a store in Brussels consists of narrow slits cut in a pure white wall through which one perceives the rising flow of white steps leading to the upper sales floor. The opposite wall of the stair offers a continuous banister calmly describing the ascent. The single flight, tailored to the elongated floorplan, is composed of reinforced concrete and adorned with marble treads of the purest white, and its form is established by the various elements enclosing it. The outcome is of a scheme of supreme simplicity, in which the masses and voids and seamless use of white allow the staircase to perform its role with utmost discretion.

In una villa unifamiliare, l'obiettivo di collegare il piano terra a una camera da letto posta al primo piano contenendo il più possibile gli ingombri, ha condotto a questa curiosa soluzione che organizza la salita sulla base di una pianta semicircolare ma annulla percettivamente la consistenza della scala facendo poggiare una porzione della rampa, che viene così visivamente dimezzata, su una muratura di sostegno entro la quale è annegata parte della struttura. L'effetto di leggerezza è ulteriormente rafforzato dallo spessore minimo della lamiera pressopiegata che compone i gradini e dal loro colore bianco, quasi fossero fogli di carta ripiegata. Anche la luce naturale, catturata dai locali adiacenti attraverso i varchi di vetrocemento aperti nella muratura perimetrale, contribuisce a un risultato lieve così come il fluido mancorrente ottonato che introduce una nota preziosa nel bianco assoluto del piccolo vano.

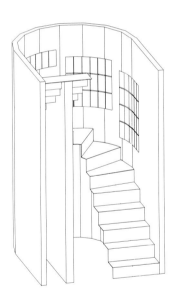

Viste assonometriche / Axonometric views

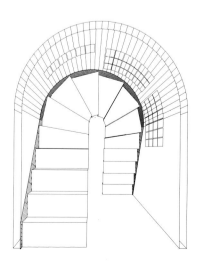

Neatly shoehorned into a spare corner of a single-family villa, this delightfully candid staircase linking the ground story with a bedroom on the floor above successfully accomplishes its intention of occupying as little physical space as possible. It achieves this by means of a canny disappearing act by which the upper half of continuous winding semicircular flight of stairs is ingeniously embedded into the support wall, negating its sense of physical mass. The effect of lightness is further enhanced by minimizing the thickness of the sheet metal employed for the treads themselves, which are all painted categorically white like the walls enclosing them, and resemble folds of paper. Another plus is the use of natural light harnessed from the adjacent rooms through sections of glass brick, the overall effect capped by a delightfully fluid handrail in polished brass in stark contrast against the candid setting.

A Milano, in un ex magazzino destinato ora ad abitazione e studio professionale, una semplice, esile ringhiera bianca protegge il vano ricavato nella zona pranzo per accogliere la scala interna che raggiunge alcuni ambienti di servizio posti alla quota inferiore. Caratterizzato dal tono morbido e caldo delle pareti finite a intonaco colorato in pasta, lo spazio vuoto è tratteggiato dalle essenziali pedate in cemento dello stesso colore, apparentemente sospese nel vuoto, distaccate dalle pareti perimetrali come piccoli volumi grazie ai sostegni di ferro posti nella parte inferiore che si raccordano strutturalmente alla gabbia portante di cemento armato.

With its essential metal banister painted an unobtrusive white to fence off the stairwell, which was recouped from a corner of the dining area of a studio apartment in the city of Milan formerly used as warehouse space, this staircase provides access down to a suite of service rooms located on the floor below. The walls lining the stairs are finished in a soft even surface of painted intonaco, and the steps themselves, in concrete treated with a finish of the same color, though apparently suspended in mid-air are actually resting on a pair of iron struts running below the treads and anchored at one side to the support framework embedded in the wall.

STAIRS SCALE

INVENTORY REPERTORIO

1 [14]

progetto / project: a MDL architectures - arch. Michele De Lucchi
collaboratori / collaborators: arch.tti Angelo Micheli, Silvia Suardi
realizzazione / production: Ferretti Giancarlo & C.
negozio / shop Mandarina Duck
2000. Bologna (Italy)

Struttura autoportante "a sandwich" costituita da due fogli sovrapposti di lamiera di ferro spazzolato piegati a formare gli scalini con rinforzo centrale e tamponamento laterale che ne segue la sagoma. Il foglio inferiore, più largo rispetto al soprastante, diventa così base d'appoggio per i parapetti costituiti da lastre di vetro antisfondamento contenute da sottili telai di ferro.

Self-supporting sandwich-type structure composed of two overlapping plates of brushed iron sheeting bent to form the steps proper, with a central reinforcement and lateral brackets following the line of ascent. Made slightly wider than the upper one, the lower sheet provides support for the banisters made of shatterproof glass panes held in narrow iron frames.

2 [16]

progetto / project: Aldrea
realizzazione / production: Co.De.Co., Nuova Voleno
edificio polifunzionale / multifunctional building Magna Pars
1997. Milano (Italy)

La scala si sviluppa in un vano rettangolare e collega tre livelli dell'edificio. Un pontone d'acciaio disassa lo scarico del peso della scala i cui pianerottoli sono appesi a un bilanciere legato a un unico cavo che sostiene l'intera struttura così svincolata dalla muratura perimetrale. La maglia strutturale dei gradini sostiene le pedate composte da tre strati di cristallo temperato (10/10/10 con pvb mm 0.72) l'ultimo dei quali trattato con acidatura superficiale. Mancorrente interno in tubolare d'acciaio fissato alle travi della struttura. Parapetto esterno costituito da montanti verticali a muro cui sono saldati tubolari trasversali.

The staircase is enclosed in a rectangular space connecting two floors of the building. A skewed steel bridge bears the weight of the stairs whose landings are suspended on a beam slung from a single cable holding up the entire structure, thereby leaving it completely free of the perimeter wall. The framework of the steps cradles treads composed of three layers of tempered glass (10/10/10 with pvb 0.72 mm), the last of which is provided with an acid finish. The handrail is composed of steel tubing fixed to the structural beams. The outer parapet is constructed of wall stanchions to which horizontal tubular bars are attached.

3 [18]

progetto / project: Ron Arad Associates
realizzazione / production: Marzorati Ronchetti
complesso industriale / industrial buildings
1998. Sant'Elpidio a Mare, Ascoli Piceno (Italy)

Scala d'ingresso allo stabilimento estesa per una lunghezza di circa m 13, a coprire un dislivello di m 5, per salire dal piano terreno al primo livello. Struttura interna di ferro, parapetti e "cappello" superiore completamente rivestiti con lastre sagomate d'acciaio inox lucido. Pedate in ferro opaco finito a cera. L'intera struttura è stata realizzata nello stabilimento di produzione, assemblata e poi smontata, per essere poi riassemblata in loco con l'ausilio di un castello di tubi Innocenti.

This building entrance stairway extends around 13 meters to compensate for a rise of 5 m in floor level from the ground to first story. Internal structure in iron, upper capped banisters completely clad in profiled plates of polished stainless steel. The treads are in waxed opaque iron. The entire structure was built in a workshop, assembled, dismantled, and then reassembled on-site with the assistance of a castle of Innocenti tubes.

4 [23]

progetto / project: Ron Arad Associates
realizzazione / production: Marzorati Ronchetti

negozio / shop Alan Journo
1998. Milano (Italy)

La scala scende dal piano d'ingresso al livello sottostante appoggiandosi a tutte le pareti del negozio che coincide con il vano scala. Struttura portante preesistente. Corrimano realizzato con coils d'acciaio armonico inox lucidato, curvato e forato per l'inserimento di brugole a testa cilindrica che ne fissano la piegatura. Il loro assetto definitivo è reso difficoltoso dalla caratteristica del materiale che, essendo armonico, tende ad allungarsi. A soffitto sfondato sagomato con finitura a specchio e inserimento di tubolari al neon azzurro. Illuminazione della scala e dell'ambiente con faretti a incasso. Sulle pareti laterali bianche maglia di borchie in acciaio per l'inserimento degli stands espositivi.

The staircase descends from the entrance level to the one below, engaged to the walls abutting the stairwell; the load-bearing structure already existed. The handrail is made of polished stainless steel coils, curved and pierced for the circular allen bolts that fix the sections. The final alignment is made awkward by the characteristics of the material, which being harmonic, tends to stretch. The open under-section is profiled with mirror fittings and endowed with encased blue tubular neons. Both stair and room are illuminated with pinpoint downlights. The white walls alongside are equipped with a network of steel studs for fixing the display stands.

5 [26]

progetto / project: Ron Arad Associates
realizzazione / production: Marzorati Ronchetti
Tel Aviv Opera Hall
1994. Tel Aviv (Israel)

Scala realizzata nel foyer del teatro a collegare piano terra e primo. Struttura portante in ferro rivestita da lamiere curvate d'ottone con finitura vibrata superficiale che tende a scurirsi. La parte centrale è costituita da 16 gradini che ai lati si dimezzano in numero raddoppiando ciascuno la propria altezza. Ogni alzata è corredata da faretti a incasso tra loro sfalsati. La scala è delimitata da due setti curvi, finiti a smalto bianco, dai quali risulta distanziata.

The staircase links the ground-floor entrance foyer of the theater to the upper story. The framework is made of iron clad in curved brass plates with a special finish that darkens over time. The central section is composed of sixteen steps that are halved in number on either side which double in height respectively. Each riser encloses lights set off-line from each other. The staircase is bordered by curved partitions in white varnish, set slightly back from the steps.

6 [28]

progetto / project: Asfour Guzy Architects - arch.tti
Edward Asfour, Peter Guzy
realizzazione / production: Lee Consultants,
Kern / Rockenfield, Metalum
uffici per agenzia di pubblicità / advertising agency office
1996. New York (New York, USA)

La scala, che collega tre livelli, si sviluppa entro un vano quadrangolare delimitato da un setto murario e da tre pareti vetrate. Intradosso ed estradosso hanno identica sagoma a comporre un motivo zigzagante. I gradini hanno pedata profonda cm 24 costituita ciascuna da un piatto metallico riempito con cemento abrasivo; lo spigolo è finito con spessore antiscivolo composto da impasto di sabbia. Nella faccia inferiore la scala è rivestita da piattine d'acciaio. Tutte le parti metalliche della struttura sono verniciate color rosso-terra. Il parapetto/corrimano interno è costituito da pannelli metallici che seguono l'andamento delle rampe, uniti uno all'altro con piastre metalliche a "L". Corrimano esterno in tubolare metallico a sezione quadrata e volume di chiusura del vano scala in vetro. L'illuminazione è risolta da un cilindro luminoso a tutt'altezza, lungo m 12.2, realizzato su misura.

The staircase links up three levels, ascending through a quandrangular space delimited by a solid wall and three glazed partitions. The intrados and extrados unfold with the same zigzagging silhouette. The steps are composed of treads 24 cm deep consisting of a metal bracket containing an abraded concrete tile; each tread is trimmed along the front with a nonslip edge in a sand-based compound. The intrados is faced with small steel plaques. All the metal parts are coated in earth-red paint. The inner banister/handrail is made of metal panes that follow the rhythm of each flight and joined by means of L-shaped metal plates. The outer railing is made of square metal tubing, the stair enclosure in plate glass. The illumination is neatly resolved with a column of light running 12.2 m the full height, from floor to ceiling.

7 [31]

progetto / project: arch.tti Daniela Bianchi, Alessandro Marcattilj
realizzazione / production: Cooperativa Mavo, Marcello Martinelli
studio di architettura / architects studio
1996. Firenze (Italy)

La scala, che si sviluppa in modo simmetrico rispetto all'asse centrale di un unico ambiente, è costituita da una prima rampa in legno e da una seconda che si sdoppia a raggiungere due soppalchi laterali. Per il primo tratto è un volume pieno realizzato in faggio di larghezza cm 70, con alzate cm 22.2: in realtà un grande contenitore movibile con quattro cassettoni all'interno utilizzati come archivio. L'impiallacciatura è caratterizzata da una serie di fresature che scandiscono le alzate dei gradini risolti in modo essenziale con quartaboni su tutti i lati. Le rampe successive, di collegamento ai soppalchi, corrono contrapposte lungo una delle pareti perimetrali da cui sono distanziate. Hanno struttura in tubolare di ferro, di spessore ridottissimo, fasciata da una lamiera continua verniciata a polveri epossidiche. La scala è illuminata da faretti celati da una veletta di cartongesso.

The staircase describes an upward path that divides the square room symmetrically, and consists of a first flight in wood which then pairs off and continues to the twin mezzanines on either side. The first flight is made of beechwood steps 70 cm wide and 22.2 cm high; this section is actually a large mobile unit concealing four capacious drawout filing cabinets. The veneer is lightly textured to mark out each step, with mitered joints distinguishing all the edges. The ensuing flights leading to the mezzanines branch off laterally, slightly shy of the wall. The framework is in lean tubular metal clad with continuous sheet metal having an epoxy finish. The stairs are illuminated by pinpoint lights set into a fascia of plasterboard.

8 [33]

progetto / project: Calvi, Merlini, Moya - arch.tti
Luisa Calvi, Mauro Merlini, Carlos Moya
realizzazione / production: Santo Vicentini
studio professionale / professional studio
1996. Milano (Italy)

Piccola scala per superare un dislivello di cm 81. Struttura costituita da due tubolari di ferro a sezione quadrangolare. Le pedate in lamiera zincata forata sono agganciate alle fasce laterali tramite angolari metallici. Pedate profonde cm 25, alzate cm 19. Il corrimano, realizzato con tubolare di ferro a sezione rotonda saldato alla struttura, è curvato alla quota più alta e traccia un angolo retto a quella inferiore. La scala è dotata di ruote.

This small staircase was designed to overcome a rise in floor level of around cm 81, and consists of two metal tubes of square section; the pierced zinc-treated iron steps are anchored to the lateral panels by metal brackets. The treads are 25 cm deep and 19 high. Made of round tubular iron elements welded to the framework, the handrail describes a curve for the upper level and is bent at a right-angle for the lower. The unit is fitted with wheels.

9 [34]

progetto / project: arch. Emilio Caravatti
collaboratori / collaborators: Matteo Caravatti, Marta Albani
realizzazione / production: L.M.S.Lavorazioni meccaniche Sangiorgio, Tecnofer
abitazione privata / private house
1996. Milano (Italy)

La scala collega quattro livelli, sfalsati fra loro, per uno sviluppo di circa m 5.5 d'altezza. Struttura metallica, composta da profilati di ferro a "L" 50/30/7 saldati, che grava su pilastro di ferro (HEB 220) a tutt'altezza protetto da uno strato di ceratura superficiale. Mancorrenti e parapetti realizzati con profilati di ferro a "T" 50/50/7 e tondi Ø mm 12. Elementi strutturali finiti con vernice metallizzata a struttura lamellare grigio chiaro tipo hammerite. Pedate, inserite nel telaio creato dalla struttura metallica, in listelli di faggio industriale spessore mm 22 con supporto in compensato marino spessore mm 25 verniciate nell'intradosso con lo stesso bianco delle pareti. Setti murari del vano scala finiti a civile e tinteggiati nei colori bianco, giallo e rosso.

This staircase provides vertical access between four separate stories ascending a total of around 5.5 meters. The metal framework composed of 50/30/7 welded L-section elements, rests on an iron pillar (HEB 220) running the full height and finished in a protective wax coating. Handrails and railings are composed of 50/50/7 T-section elements. Structural elements are overlaid and have a light gray metallic hammerite-type finish. The treads fixed to the metal framework are in industrial beech 22 mm thick laid on a marine plywood support 25 mm thick, painted below with the same white as the surrounding walls. The enclosure partitions and stairwell are finished in plaster in tones of white, yellow and red.

10 [37]
progetto / project: arch. Marco Castelletti
realizzazione / production: Glassfer, Rusconi Fratelli
edificio per uffici e abitazione privata / building for offices and private house
1999. Erba, Como (Italy)

Due scale simili per concetto e intenti progettuali ma diverse per forma e tipologia realizzate in vetro strutturale e acciaio inox. Nell'edificio per uffici la scala è composta da una trave reticolare centrale con elementi componibili ai quali sono agganciate le mensole che sostengono le rotulles e i gradini di vetro. L'inserimento della struttura in un varco praticato nella soletta, ha reso necessaria la realizzazione di una trave per il sostegno dei gradini agganciata al solaio. Il parapetto è composto da tubolari orizzontali vincolati alle estremità della prima rampa e al pianerottolo soprastante. Nella villa la muratura curva, portante, costituisce il supporto della struttura rendendo superflua la trave centrale. La scala è costituita da due rampe a superare un dislivello di m 3, con gradini realizzati come mensole a sbalzo, indipendenti uno dall'altro, vincolati alla muratura in tre punti, con quattro bracci che sostengono le rotulles e le pedate di vetro larghe cm 115. Il parapetto è realizzato da piatti d'acciaio e cavetti in fune d'acciaio Ø mm 1. In entrambi i casi per i gradini sono stati utilizzati vetri extrachiari di spessore mm 10 temperati, accoppiati e stratificati. Ciascuna lastra così formatasi è stata serigrafata superiormente con quarzo per ottenere una superficie abrasiva antiscivolo e prevede quattro forature per l'alloggiamento delle rotulles d'aggancio alla struttura. Per simulare la statica delle strutture sono stati realizzati modelli di ferro al vero che hanno reso superflui calcoli strutturali preventivi. La sperimentazione dei modelli ha evidenziato la necessità di aggiungere nell'edificio per uffici, rispetto al progetto originario, tiranti nella parte alta dei gradini, per dare maggiore rigidezza al braccio di sostegno delle rotulles. La tenuta dei vetri costituenti le pedate e dei loro agganci è stata verificata da una società d'ingegneria specializzata nello studio di facciate in vetro strutturale.

These two staircases, similar in concept and purpose but differing in their outer form and type, are both built in structural glass and stainless steel. Installed in an office building, the first comprises a central lattice beam made of assembled sections to which are fixed the brackets holding the rotulles and the glass treads. The insertion of the staircase in an opening in the sill required installing a main beam to provide support, anchored to the sill. The banister is composed of horizontal tubular elements anchored at each end of the first flight and to the landing above. In the case of the villa, the curved load-bearing wall provides support to the framework, eliminating the need for a central upright. Here the staircase consists of two flights covering an ascent of 3 meters, with cantilevered steps inserted into the wall, each one separate, and anchored at three points, with four braces supporting the rotulles and glass treads 115 cm wide. The banister consists of steel plates and steel cables 1 mm thick. For both flights extra-clear tempered glass was used, coupled and stratified to a maximum thickness of 10 cm. Each step was etched with quartz to obtain a nonslip surface, and bears four holes to accommodate the rotulles that fix it to the framework. To test the design for structural stability scale models were built, making advance structural estimations unnecessary. Lab tests with models revealed the need for extra tie-rods in the case of the office building – not envisaged in its original design – to support the upper section of the stairway and confer greater rigidity to the beams carrying the rotulles. The practicability of the glass treads and brackets was tested by a engineering team specialized in structural facade glazing.

11 [43]
progetto / project: arch. Achille Castiglioni
realizzazione / production: Marzorati Ronchetti
negozio / shop Elam
1989. Milano (Italy)

Scala di collegamento tra due piani. Struttura portante costituita da un'unica trave centrale alla quale sono avvitati i gradini. Ogni gradino è costituito da una lamiera stirata curvata e finita con zincatura a caldo a produrre un effetto grumoso e grezzo. Vano ascensore protetto da pannelli di lamiera zincata.

The structure of this staircase linking up two stories consists of a single central girder to which the steps are bolted; each step consists of a drawn curved metal sheet treated with a hot galvanized finish to produce in a lumpy, rough texture. The elevator well is screened off with panels of galvanized plating.

12 [46]
progetto / project: arch.tti Fabio Maria Ceccarelli, Michele Gasparetti
realizzazione / production: Luciano Luminari, Claudio Spadoni Santinelli
abitazione privata / private house
1994. Senigallia, Ancona (Italy)

Vano scala a tutt'altezza realizzato con getti di cemento armato a vista con casseri metallici a comporre setti di forme e dimensioni diverse. Rampe orientate in diagonale, a collegare tre livelli, di dimensioni progressivamente ridotte. Prima rampa con struttura ad arco rampante realizzata in cemento armato con casseri metallici. Pedate e alzate in pasta di graniglia di marmo giallo Siena, cemento colorato e resine, per uno spessore di cm 4, fissate alla struttura sottostante con mastice. Per la seconda rampa cosciali costituiti da travi di ferro a "C" sulle quali sono saldati fazzoletti di sostegno delle pedate. Queste ultime sono state realizzate come le precedenti e fissate ai supporti con l'uso di mastice. L'ultima rampa, più stretta, con gradini a sbalzo dalla muratura, è realizzata in mattoni pieni e armatura di ferro a sostegno dei singoli elementi. Gradini di cemento armato realizzati con casseri metallici così da risultare lisci su tutte le facce; pedate finite nella faccia superiore con ghiaino e spolvero di cemento. Corrimano delle prime due rampe in trafilati di ferro (Ø mm 42 e 19) saldati e finiti con verniciatura a polvere. Parapetto dell'ultima rampa e dell'ultimo piano realizzato con pannelli di faggio evaporato spessi cm 6 fissati al telaio costituito da tubolari di ferro che sale dal primo livello fino alla copertura.

This staircase running the full height of the building is composed of caissoned metal units of varying forms and dimensions. Flights set diagonally link up three separate levels, diminishing in size as they ascend. The first flight assumes the form of a flying buttress in reinforced concrete with metal caissons. Treads and risers are in reconstituted yellow Siena marble grit, colored cement, and resin 4 cm thick, and fixed to the underlying framework with mastic. The second flight presents flanks of C-section iron beams to which small plates are fixed holding the treads. These are similar in type to the first and attached to the support with mastic. The last and narrower flight composed of cantilevered treads engaged in the wall, is realized in brick with a metal armature sustaining the individual components. The steps of reinforced concrete are cast inside metal caissons to provide a smooth surface on all sides, while the upper surface of the treads is finished in fine gravel and concrete grit. The handrails of the first two flights are fashioned from drawn iron rods (42 and 19 mm) welded in place and given a grainy finishing coat. The banister of the last flight and upper story parapet are composed of panels of artificially seasoned beechwood 6 cm thick, fixed to a surround of tubular iron leading up from the first level right up to the roof.

13 [49]
progetto / project: arch. Marco Ciarlo
collaboratori / collaborators: arch.tti Fabrizio Melano, Giampiero Negro
realizzazione / production: Formento Filippo Carlo e C., Pino
spazio espositivo / exhibition space
1997. Castello di Roccavignale, Savona (Italy)

Scala costituita da tre rampe e due pianerottoli intermedi con un totale di 27 alzate. La struttura in ferro trafilato Fe37, appesa con 4 tiranti alle travi del solaio, è costituita da doppi piatti di grosso spessore calandrati elicoidali, fissati fra loro mediante distanzieri in tondi trafilati Ø mm 30, forati, filettati con brugola a scomparsa da mm 10 M.A. Gradini a vaschetta in sagoma realizzati con piatti trafilati, lamiera da 30/10 in rilievo per l'inserimento delle pedate in battuto di cemento additivato con ossidi, collegati ai cosciali mediante nottoli in tondo Ø mm 25. Parapetto costituito da montanti verticali realizzati con piatti accoppiati in ferro trafilato tipo Fe37 mm 40x8, distanziati fra loro con mezzi tondi e avvitati con brugole, piatto corrimano in trafilato mm 40x8 avvitato al piantone, correnti in tondo trafilato Ø mm 10 fissati con interasse di cm 10. Verniciatura realizzata a polveri di ferromicaceo e al nylon trasparente.

This staircase consisting of three flights and two intermediate landings comprises a total of 27 steps. The framework of drawn iron (Fe37) suspended from four tie-rods to the ceiling rafters is composed of paired helicoid plates of thick, calendered iron fixed together via spacer rods (30 mm), pierced and fitted with invisible 10 M.A. mm allen nuts. The steps are composed of trays of drawn 30/10 plate that accommodate treads of rough oxide-treated concrete tiles secured to the flanks with hinges 25 mm in diameter. The banister is formed with uprights of paired Fe37-type iron plates measuring 40 by 8 mm bolted to the main post, running in drawn rods 10 mm thick fixed with their centerpoints 10 cm apart. All pieces are coated in a micaceous particle finish or transparent nylon gloss.

14 [51]
progetto / project: Eric Cobb Architects
collaboratori / collaborators: Kirsten Mercer
calcoli strutturali / structural calculations: ingg. Gary MacKenzie, James A. Harriott
realizzazione / production: Glenn Carter
abitazione privata / private house
1996. Seattle (Washington, USA)

La scala è inserita in un vano definito da un muro perimetrale e da un setto di separazione dal soggiorno posto diagonalmente. La struttura, priva d'alzate piene, lascia fluire la luce collegando visivamente la cucina con l'ingresso e connette gli ambienti della zona giorno con il piano superiore estendendosi per più di 6 metri. La struttura portante è costituita da tre travi in legno scanalate, rivestite lateralmente da due lamine d'irrigidimento di ferro spessore mm 6. Alle travi sono avvitate le pedate in acero di larghezza variabile, di spessore mm 38 e profondità cm 35, con alzate di cm 15. Il corrimano è realizzato con un piatto di ferro grezzo finito solo con un sigillante trasparente, saldato a giunti angolari avvitati alla parete.

The staircase is slotted between a perimeter wall and a partition cordoning off the living room at a diagonal. All the steps are open, without risers, to allow the passage of light and afford a view from the entrance to the kitchen, and connect the day/living room area with the upper story, covering a height of over six meters. The framework consists of three grooved timber beams reinforced on the sides with iron plating 6 mm thick. Bolted to these are the steps proper, made of solid maple 38 mm thick and 35 cm deep and of varying width, with a riser gap of 15 cm. The handrail is composed of a raw iron plate finished with a coat of transparent sealant and welded to angular joints bolted to the wall.

15 [53]
progetto / project: arch. Toni Cordero
realizzazione / production: Marzorati Ronchetti
negozio / shop Alberto Milani
1997. Milano (Italy)

La scala che collega il piano d'ingresso a uno sottostante, è inserita all'interno di un vano scala di circa m 1.8x2.5. I gradini di pietra sono sostenuti da una putrella annegata nella muratura del vano. Corrimano e struttura del parapetto in profilati d'acciaio inox satinato a contenere lastre di cristallo temprato

The staircase linking the entrance lobby to the lower floor is contained within a compact area measuring around 1.8 by 2.5 m. The stone steps rest on a beam moored to the walls. The handrail and banister system are stainless steel frames enclosing panes of tempered glass.

16 [55]
progetto / project: Angelo Core, Ester Manitto - Studioprogetto
collaboratori / collaborators: arch. Chiara Madama
realizzazione / production: Cocfer
abitazione privata / private house
1998. Savona (Italy)

La scala sale per m 2.8 circa collegando la zona giorno alla quota soprastante destinata allo studio e al terrazzo. Struttura portante costituita da due profilati di ferro a "L" accoppiati a formare una "T". Gradini saldati alla struttura portante composti ciascuno da una lastra in ferro di spessore mm 8 piegata. Tutti i componenti della scala sono di ferro, finiti con un primo trattamento di sabbiatura per favorire la comparsa di ruggine in modo omogeneo e con una successiva stesa di vernice bicomponente per arrestarne il processo, additivata con polvere antiscivolo per le pedate. Assemblaggio realizzato in loco saldando ai profilati a "L" di sostegno i gradini prepiegati, il parapetto e il corrimano.

The staircase ascends for around 2.8 meters, linking the day/living area to an upper level accommodating a study/den and adjacent patio. The framework consists of two L-shaped iron girders coupled to form a T. Welded to this are the steps, each one composed of bent glass panes 8 mm thick. All the unit's components are in metal, and treated with a preliminary sanding to foster an even spread of rust, and then a coat of protective fixing varnish containing granules to ensure a final nonslip surface. The unit was assembled on-site by welding the supporting L-beams to the pre-bent steps, along with the handrail and banister.

17 [58]
progetto / project: arch. Duilio Damilano
realizzazione / production: Bertola, Cuneo Inox, Dutto Sebastiano & C., Francesco Girardi, La Metalgros, Longo Fratelli
abitazione privata / private house
1990. Cuneo (Italy)

La scala che attraversa diagonalmente la zona giorno in cui è inserita raggiunge una lunghezza di circa m 5, salendo di un piano, con larghezza costante di cm 90. Trave reticolare portante d'acciaio brunito le cui aste sono gli elementi costituenti la scala stessa. Pedate d'acciaio inox satinato (cm 80x30x3) come tutte le componenti dei parapetti: corrimano (tubolare Ø mm 40), cavi elicoidali (Ø mm 6) e montanti verticali (tubolare Ø mm 30). Bielle di collegamento fra pedate e boccole di chiusura realizzate in laboratorio di precisione e successivamente cromate. Tutte le componenti della scala sono state prodotte da aziende specializzate e assemblate in cantiere.

Extending some 5 meters, this staircase cuts a diagonal path through a living room 90 cm wide and ascends to the first floor. Lattice beams in burnished steel provide the load-

bearing structure of the entire unit. Brushed stainless steel is used for all components, including the treads (80x30x3 cm), the tubular handrail (40 mm), helicoid cables (6 mm), the tubular uprights (30 mm). The rods connecting the steps and end-plates were manufactured in a workshop and subsequently chrome-plated. All the components were built by specialized firms and assembled on-site.

18 [CD]
progetto / project: arch. Christian De Groote
abitazione privata / private house
1995. Santiago del Cile (Chile)

La scala, che collega i tre livelli dell'abitazione oltre il tetto a giardino, si snoda entro lo spazio originato da due elementi cilindrici concentrici di cemento armato. La struttura, anch'essa di cemento armato, ancorata al cilindro più interno e distaccata da quello esterno, prevede alzate e pedate rivestite in legno.

This staircase joining up the three floors of an apartment with the rooftop garden, runs through a space created from two concentric cylindrical units in reinforced concrete. The framework of the staircase, likewise in reinforced concrete, is structurally anchored to the inner cylinder but detached from the outer one, and is fitted with treads and risers faced with wood.

19 [67]
progetto / project: Francois de Menil Architect
gruppo di progetto / project team: arch.tti Jeffrey Bacon (project architect), Bryce Sanders, John Blackmon, Dwight Long, Elizabeth Adams
realizzazione / production: Bedford Ironworks
uffici / offices Esquire
1993. New York (New York, USA)

La scala nasce dall'esigenza di collegare due dei tre livelli degli uffici. È stata inserita in un vano creato appositamente rimuovendo una porzione di soletta di m 2.6x5.3 e parte di una trave portante. La scala sale libera all'interno dallo spazio creatosi agganciandosi alla struttura dell'edificio alla quota di sbarco al piano superiore. Struttura costituita da due cosciali d'acciaio a sezione scanalata. I gradini, con alzate vuote, hanno pedate composte da lamine d'acciaio stampato ripiegate verso il basso nella parte frontale e verso l'alto nella parte posteriore, agganciate lateralmente ai cosciali tramite supporti angolari nascosti. Il corrimano/parapetto è formato da tubolari d'acciaio Ø mm 32 e lastre di vetro a struttura lamellare con spigoli vivi, fissate a supporti a sbalzo dai montanti verticali con bulloni e distanziatori al neoprene a protezione del vetro.

The stair was built to provide connectivity between the three levels of this office suite, and was inserted in a space especially created for it by opening a gap in the sill 2.6 by 5.3 m and part of a load-bearing girder. The staircase ascends through the space thus created and is anchored to the building's structure as it emerges from the first level. The framework consists of two grooved flanks of pressed steel bent downward at the front and upward at the back; these are attached laterally to the flanks by means of hidden angular brackets. The handrail/banister consists of steel tubing (32 mm) holding panes of layered hard-edged glass bolted to brackets jutting from the uprights and neoprene separator rings to cushion the glass.

20 [68]
progetto / project: arch.tti Jonathan De Pas, Donato D'Urbino, Paolo Lomazzi
realizzazione / production: Tullio Raffinetti
abitazione privata / private house
1987. Milano (Italy)

La scala si sviluppa parzialmente entro un vano rettangolare di circa m 3x2.5 per un'altezza totale di circa m 4, con 19 gradini. L'ampiezza della rampa, che curva secondo un raggio di cm 105, diminuisce progressivamente da cm 130 a cm 82. Struttura autoportante scatolare in lamiera d'acciaio fissata alla trave del soppalco e a due zanche di sostegno inserite nei due muri perimetrali finiti con pannelli di gesso. La struttura è stata coibentata, così da renderla afona, iniettando all'interno poliuretano espan-

so. Corrimano in tubolare d'acciaio satinato (altezza cm 100) fissato con montanti alla struttura.

This staircase projects partially through an oblong space of approximately 3 by 2.5 meters, reaching a height of 4 meters with a total of nineteen steps. The width of the flight, which curves through a radius of around 105 cm, diminishes progressively from 130 cm to 82 cm. The box-like trellis framework made of steel plating is fixed to the mezzanine beam and to two support brackets embedded into the perimeter walls clad in plasterboard. The structure was pre-tested to eliminate vibration by injecting a core of expanded polyurethane. The tubular handrail of brushed steel forming a banister 100 cm high is fixed to the framework by stanchions.

21 [71]
progetto / project: Giovanni Cavaler e Renato Mastella per Edilco (brevetto depositato / registered patent)
realizzazione / production: Edilco
scale metalliche autoportanti / independent metal staircases Serie M16

Struttura portante costituita da due travi laterali modulari di spessore mm 16, ciascuna costituita dall'unione di singoli elementi componibili: piastre di ferro 80/10 con conformazione a croce. L'unione degli elementi con viti poste in senso orizzontale e passanti in prossimità delle estremità dei quattro bracci, genera le condizioni statiche della struttura. I moduli a croce vengono tagliati al laser e assemblati con viti a testa svasata piana, a esagono incassato, contenute in appositi dischi e dadi bombati di linea esclusiva Edilco. Boccole tornite in ferro costituiscono da un lato il dado per le viti strutturali e dall'altro supporti speciali per i gradini. Gli elementi costituenti la scala sono allineati tramite dischi distanziatori di vari diametri e spessori. Alla partenza e all'arrivo le rampe vengono fissate con tasselli d'acciaio utilizzando appositi supporti agganciati alle strutture.
A tutte le scale, che possono essere rette, elicoidali o miste, è possibile applicare pedate rettangolari o trapezoidali raccordate. L'elemento portante dei gradini è costituito da una coppia di profili in Fe a sezione circolare diametro mm 40 sui quali possono essere applicate: pedate di legno da mm 40, pedate di legno con alzate di cristallo antisfondamento da mm 8 o legno, pedate di marmo da mm 40 o mm 20+20 o pedate di cristallo temperato da mm 21.52. Le finiture delle superfici e delle coste delle pedate di granito o pietra possono essere varie, di serie o speciali. Pianerottoli realizzati con profili di ferro, rivestiti con lo stesso materiale usato per le pedate; per finiture in marmo, granito e pietra può essere utilizzato materiale con spessore mm 20+20 incollato a caldo con interposta guaina e lucidato su entrambe le facce. Parapetti costituiti da montanti in piatto trafilato di ferro mm 40x6 abbinati e fissati alla struttura portante con rinforzi interni ed esterni. Corrimano in tubolare di ferro Ø mm 40 sostenuto da snodo a culla fissato sulla sommità del montante; elementi protettivi costituiti da fili d'acciaio inox Ø mm 8 al naturale, passanti all'interno dei piatti. Gli elementi strutturali possono essere verniciati o finiti con trattamenti galvanici (cromatura lucida, cromatura opaca satinata, doratura).

The main structure consists of two modular girders 16 mm thick running on either side, each one comprised of individual elements of cross-shaped 80/10 iron plates. The joining of the components via horizontal screws and loops toward the end of each of the four arms ensures the stability of the structure. The cross-shaped modules are laser-cut and assembled with special flat-head bolts lying flush with the surface set into hexagonal sockets with special washers and discs, all produced exclusively by Edilco. Lathed iron bushings on one side form the fixing nut for the structural bolts, and on the other special supports for the steps. The components of the stairs are aligned with separator rings of varying diameters and thicknesses. At the top and bottom the stairs are anchored with steel pegs by means of relative supports attached to the structure. Each of the stair types in this series, whether straight, spiraling or a combination of both, can be fitted with accordingly matched rectangular or trapezoid treads. The staircase's load is borne by a member composed of coupled of iron elements of round section 40 mm in diam-

eter, which can be applied: wooden treads 40 mm thick; wooden treads with risers in wood or shatterproof glass 8 mm thick; treads reinforced with marble, granite or other stone 20 mm thick, with or without a riser in glass or wood; treads in marble 40 mm thick or 20+20 mm; or treads in tempered glass 21.52 mm thick. The finish of the upper surface and flanks of the granite or stone steps can be either standard or customized accordingly. Landings are made of iron sections laid with the same material used for the treads; where finishes of marble, granite or stone are applied, a material 20+20 mm thick is applied hot with an underlay and polished on both faces. Banisters are composed of uprights in flat drawn sheeting 40 by 6 mm, coupled and fixed to the main structure with internal and external bracing. Handrails in iron tubing 44 mm in diameter are held in place at the top of the uprights with cradle joints; further banister elements comprise stainless steel wires 8 mm in diameter passing inside the banister panels. The structural elements may be painted, or provided with various galvanized finishes (polished chrome, brushed matte chrome, gilding).

22 [73]
progetto / project: Massimo Mastella per Edilco
(brevetto depositato / registered patent)
realizzazione / production: Edilco
scale metalliche autoportanti / independent metal staircases Serie M44

Struttura portante formata da due travi laterali autoportanti (spessore 44 mm) costituite ciascuna dall'unione di singoli elementi modulari: piastre di ferro 60/10 di forma rettangolare, poste in orizzontale all'esterno e in verticale all'interno. L'assemblaggio avviene usando perni esterni con testa a vista e cava esagonale e viti con testa bombata. Gli elementi costituenti la scala sono allineati tramite dischi distanziatori di vari diametri e spessori. Alla partenza e all'arrivo le rampe vengono fissate con tasselli d'acciaio utilizzando appositi supporti agganciati alle strutture. A tutte le scale, che possono essere rette, elicoidali o miste, è possibile applicare pedate rettangolari o trapezoidali raccordate. L'elemento portante dei gradini è costituito da una coppia di profili in Fe a sezione circolare diametro mm 40 sui quali possono essere applicate: pedate di legno da mm 40, pedate di legno con alzate di cristallo antisfondamento da mm 8 o legno, pedate di marmo da mm 40 o mm 20+20 o pedate di cristallo temperato da mm 21.52. Le finiture delle superfici e delle coste delle pedate di granito o pietra possono essere varie, di serie o speciali. Pianerottoli realizzati con profili di ferro, rivestiti con lo stesso materiale usato per le pedate; per finiture in marmo, granito e pietra può essere utilizzato materiale con spessore mm 20+20 incollato a caldo con interposta guaina e lucidato su entrambe le facce. L'elemento portante gradino ripetuto in sequenza orizzontale forma rampe scale costituite da più travi lamellari portanti. Il gradino accoppiato-sequenziale rende possibile l'esecuzione di scale monumentali aventi larghezze eseguibili su progetto. Parapetti costituiti da montanti in piatto trafilato di ferro mm 40x6 abbinati e fissati alla struttura portante con rinforzi interni ed esterni. Corrimano in tubolare di ferro Ø mm 40 sostenuto da snodo a culla fissato sulla sommità del montante; elementi protettivi costituiti da fili d'acciaio inox Ø mm 8 al naturale, passanti all'interno dei piatti. Gli elementi strutturali possono essere verniciati o finiti con trattamenti galvanici (cromatura lucida, cromatura opaca satinata, doratura).

The main structure consists of two lateral girders 44 mm thick comprised of individual elements of rectangular 60/10 iron plates laid horizontally on the outer side and vertically on the inner. Assembly is achieved with protruding nuts and bolts with bowed heads. The elements of the staircase are aligned vita separator rings of varying diameters and thicknesses. At the top and bottom the stairs are anchored with steel pegs by means of relative supports attached to the structure.
Each of the stair types in this series, whether straight, spiraling or a combination of both, can be fitted with accordingly matched rectangular or trapezoid treads. The staircase's load is borne by a section of 40/10 steel plate appropriately modeled, to which the various solutions are attached: wooden treads 40 mm thick; wooden treads with risers in wood or shatterproof glass 8 mm thick; treads reinforced with marble, granite or other stone 20 mm thick, with or without a riser in glass or wood; treads in marble 40 mm thick or 20+20 mm; or treads in tempered glass 21.52 mm thick. The finish of the upper surface and flanks of the granite or stone steps can be either standard or customized accordingly. Landings are made of iron sections laid with the same material used for the treads; where finishes of marble, granite or stone are applied, a material 20+20 mm thick is applied hot with an underlay and polished on both faces.
The supporting element repeated in a horizontal sequence forms flights of steps composed of several structural girders. The coupled/sequence-type of step enables the creation of large-scale staircases with customized step widths. Banisters are composed of uprights in flat drawn sheeting 40 by 6 mm, coupled and fixed to the main structure with internal and external bracing. Handrails in iron tubing 44 mm in diameter are held in place at the top of the uprights with cradle joints; further banister elements comprise stainless steel wires 8 mm in diameter passing inside the banister panels. The structural elements may be painted, or provided with various galvanized finishes (polished chrome, brushed matte chrome, gilding).

23 [78]
progetto / project: arch. Luigi Ferrario
collaboratori / collaborators: arch.tti Henk Hartzema, Oriol Rosellò, Dario Saita
realizzazione / production: Gelmini Angelo e C.
abitazione privata / private house
1992. Bergamo (Italy)

Scala in ferro, legno e vetro, a collegare tre livelli. Dal pianerottolo in acciottolato dell'ingresso tre gradoni in grigliato zincato, sostenuti da una trave in trafilato su un lato e dalla muratura portante sull'altro, portano alla quota intermedia dalla quale si scende verso gli ambienti domestici o si sale verso lo studio.
Per salire rampa elicoidale con gradini in grigliato zincato sostenuti dalle murature e dal tirante centrale (in piatto e tondo d'acciaio) tensionato con tenditore nautico e poggianti su una lastra di cristallo ancorata al tirante stesso e alla muratura. Pavimentazione originaria in cotto a gradoni inclinati (sovrastante il soffitto a volta) e seconda breve rampa con gradini in grigliato zincato sostenuta dalla muratura portante e da montanti verticali. Per scendere rampa con gradini a sbalzo, rivestiti con doghe di faggio, ancorati alla muratura mediante appositi sostegni in tubolare di ferro.

This staircase is made of a combination of iron, wood and glass, and connects up three stories. From the cobblestone entrance three large steps fashioned from galvanized grating, supported by a metal beam on the front side and by the wall on the other, rise to the intermediate landing which branches off toward the domestic area, and up to the study.
The ascent is via a spiral metal grate held up by the wall and by a central steel tie-rod pulled taut by a nautical screw coupling and resting on a glass pane anchored to the tie-bar itself and to the wall.
The original flooring is in terracotta with slanting slabs (and a vaulted ceiling overhead) and is followed by a second short flight with steps in galvanized grating moored to the wall and to uprights. The descent is made via cantilevered steps tiled with beech boards anchored to the wall with iron tubular brackets.

24 [82]
progetto / project: arch. Luigi Ferrario
collaboratori / collaborators: arch.tti Stefanie Brosche, Ilka Giller, Dario Saita
realizzazione / production: S.C.I.A.
abitazione privata / private house
1996. Milano (Italy)

Scala di collegamento al livello del sottotetto con struttura, sospesa al solaio, costituita da quattro angolari di ferro accoppiati. Due di questi profili sono fissati alla muratura laterale, gli altri costituiscono anche la base per i primi due scalini. I gradini successivi, con anima di ferro finita superiormente e inferiormente in massello di rovere, sono saldati alla struttura mediante giunti semicilindrici torniti.

This staircase built to access the attic story is suspended from the rafters and consists of four sets of coupled angular beams. Two of these beams are anchored to the structural walls, the others provided the base for the first two steps. The stairs continue with a flight of steps with an iron core, clad above and below with solid oak boards and bolted to the framework via lathed semicylindrical joints.

25 [84]
progetto / project: arch. Luigi Ferrario
collaboratori / collaborators: arch.tti Maurizio Passaretta, Oriol Rosellò, Dario Saita
realizzazione / production: Gelmini Angelo e C.
abitazione privata / private house
1993. Milano (Italy)

Scala che collega tre livelli con struttura costituita da trafilati di ferro a "C" e pedate in legno. La prima e l'ultima rampa, parallele alle murature perimetrali, hanno pedate in massello di doussié Africa, agganciate da un lato alla parete con supporti a scomparsa e dall'altro al profilato con bulloni. La rampa intermedia, dal piano terra al soppalco, segue un andamento diagonale e prevede tre pedane, sempre di doussié, agganciate alle travi laterali mediante bulloni e sostenute nella parte sottostante da tubolari metallici posti trasversalmente, anch'essi fissati ai trafilati. Parapetti tubolari di ferro curvati e cavi d'acciaio inox tensionati.

This staircase providing vertical linkage between three levels is composed of C-shaped iron elements fitted with wooden treads. The first and last flights, running parallel to the perimeter walls, carry solid African doussié treads moored to the wall with concealed props on one side, and on the other bolted to the framework itself. The intermediate flight from the ground floor to the mezzanine complies with the diagonal and comprises three steps, also in doussié, bolted to the lateral beams and propped to the lower section upon tubular shafts lying transversely, also fixed to the drawn sections. The banisters are composed of curved metal tubing and taut steel wires.

26 [86]
progetto / project: arch. Luigi Ferrario
realizzazione / production: Carpenteria Ticino
edificio industriale e uffici / factory and office building
1988. Lonate Pozzolo, Varese (Italy)

La scala sale per tre piani entro un vano elicoidale in muratura finita bianca. Struttura portante centrale in acciaio composta da anelli sovrapposti in piatti di acciaio collegati verticalmente da montanti realizzati con coppie di angolari in ferro. A ciascun anello corrisponde un gradino fissato sul lato opposto alla muratura perimetrale. Gradini in lamiera piegata rivestiti con guaine in materiale plastico tese inferiormente da molle d'acciaio.

This staircase climbs three stories through a cylindrical space enclosed in white walls. The central structure in steel is composed of stacked rings of steel plating connected vertically via uprights made of coupled angular girders of iron. Each ring carries a step lodged in the support wall at the other side. The treads are made of bent metal sheeting clad with a stretched sheath of synthetic material held taut by steel springs below.

27 [88]
progetto / project: Peter Forbes and Associates
abitazione privata / private house
1994. Mount Desert Island (Massachusetts, USA)

Scala costituita da una rampa che attraversa diagonalmente la zona giorno salendo dal piano terra al primo piano. Cosciali costituiti da due nastri d'acciaio con fori circolari. Alzate e pedate realizzate in alluminio mandorlato. Parapetto composto da montanti verticali fissati alla struttura con coppia di piattine a "L" poste e fissate orizzontalmente sotto i gradini. Nei montanti verticali quattro fori permettono il passaggio di altrettanti cavi d'acciaio a comporre il parapetto cui è saldato il corrimano in tubolare di ferro a sezione circolare. La scala è ancorata con cavi d'acciaio verticali alla gabbia di tubolari che disegnano lo spazio. La rampa poggia sul pavimento di legno con due ruote rosse.

This stair is composed of a single flight traversing diagonally through the living room, rising from the ground level to the floor above. The flanks comprise two continuous sheets of steel ranged with circular openings. The risers and treads are made of treated aluminum. The banister is composed of stanchions bolted to the framework with coupled L-plates and attached horizontally below the steps. Four holes in the stanchions accommodate the thin steel cables that composed the banister, to which is welded the handrail in circular tubing. The staircase is anchored via vertical cables to the tubular cage of the enclosure. The flight rests on the wooden floor with two red wheels.

28 [91]

progetto / project: GA Architetti Associati - arch.tti Giampiero Bosoni e Luca Ranza con Francesco Florulli e Andrea Nulli
realizzazione / production: Garrone & Pace, Franco Giachinò
abitazione privata / private house
1997. Serole, Asti (Italy)

Scala costituita da due brevi rampe che collegano il piano terra al livello superiore e al corpo di fabbrica adiacente coprendo un dislivello di m 3.10. Le rampe sono intersecate da un setto finito a intonaco e tinteggiato color ocra. La prima rampa, come il pianerottolo, è in mattoni forati finita a cemento lisciato e cerato ed è composta da 8 gradini di larghezza cm 80. La seconda rampa in lamiera di ferro grezza si compone di 15 gradini costituiti dalle sole pedate. Una volta saldati fra loro i singoli elementi, questa seconda parte della scala è stata messa in opera a secco nel vano ricavato entro il setto di contenimento. Per inserire la struttura nel vano creatosi rispettando la quota della soletta tra piano terra e primo piano e la posizione di una finestra inserita nel muro perimetrale di appoggio della seconda rampa, si è creato un passo pedata/alzata di circa cm 23x21.

This staircase comprises two short flights linking the ground floor with the upper story and the building unit alongside, covering a rise in level of some 3.10 meters. The flights are intersected by a wall finished in ocher-colored plaster. Together with the landing the first flight is in perforated brick faced with smooth cement and waxed, and comprises 8 steps 10 cm wide. The second flight in raw iron is composed of 15 steps with open risers. Once the various elements of this second flight were welded together, the unit was assembled in the void created in the container wall; a special landing of around 23x21 was created in order to insert the staircase in the space provided, while respecting the floor level of the sill between the ground and first stories and a window in the perimeter wall supporting the second flight.

29 [93]

progetto / project: Gabellini Associates - Michael Gabellini Architect & Associates
gruppo di progetto / project team: Michael Gabellini, Kimberly Sheppard (design principals), Daniel Garbowit (managing principal), Carmen Carasso (project architect), Tom Burns, Lily Chin, Ben Fuqua, Cathy Jones, Vincent Laino, Elmer Liu, Lisa Monteleone, Lily Rutherford, Daniel Wismer
negozio / shop Ultimo
1997. San Francisco (California, USA)

La scala collega il livello stradale con il primo piano del negozio salendo con due rampe, di larghezza cm 183 ciascuna, all'interno di un vano rettangolare a doppia altezza formato da due muri portanti perpendicolari tra loro e da un setto murario di nuova creazione, per un'ampiezza totale di m 3.6.
Fra le due rampe parete a tutt'altezza completamente rivestita con lastre di marmo rosa Portogallo. Il setto murario più basso è finito a silicio color bronzo. Gradini rivestiti con lastre di marmo di spessore mm 30 che poggiano su una struttura di traverse in acciaio. Parapetto del secondo livello in bronzo; corrimano di legno fissati a muro con sostegni di bronzo.

This stair links the street level with the first floor of the store by means of two flights of steps 183 cm wide climbing through a rectangular double-height space formed by

two perpendicular support walls and a newly created partition wall; the overall width is 3.6 m. Running the full height between the two flights is a wall faced in Portuguese pink marble; the lower section of this wall has a bronze-colored silicon finish. The steps are laid with marble tiles 30 mm thick resting on a framework of steel crossbars. The parapet of the second level is made of bronze; the wooden handrails are fixed to the wall with bronze fittings.

30 [96]

progetto / project: Gabellini Associates - Michael Gabellini Architect & Associates
abitazione privata / private house
1989. New York (New York, USA)

La scala che collega i due livelli dell'abitazione si sviluppa con andamento elicoidale all'interno di un vano rettangolare. La struttura portante, metallica, verniciata di bianco, è costituita da una trave centrale curva con 19 scanalature orizzontali per le piattaforme di ferro su cui poggiano le lastre di marmo bianco Sivec delle pedate. Il vano scala è finito a idropittura bianca, il pavimento è rivestito con lo stesso marmo usato per i gradini.

This staircase linking two levels of an apartment spirals upward through a rectangular chamber; the framework is in metal painted white and consists of a curved central beam with 19 horizontal grooves accommodate the iron ledges on which tiles of white Sivec marble are laid. The surfaces inside the cell are painted with white emulsion, and the floor is paved with the same marble used for the steps.

31 [100]

progetto / project: arch. Maria Giuseppina Grasso Canizzo
realizzazione / production: Corem, Antonio Mario Nicosì, Romeo Marmi
abitazione privata / private house
1998. Vittoria, Ragusa (Italy)

Scala realizzata a collegamento di quattro livelli. Con pendenza costante delle rampe di 38.7°, ha struttura portante di ferro costituita da due travi parallele, composta ciascuna da tre piatte affiancate: due più esterne di spessore mm 10 e altezza mm 120 e quella interna di spessore mm 15 e altezza mm 100, anche base per i gradini. Alzate vuote di altezza cm 20.3 e pedate in rovere cm 80x28, spessore mm 25, fissate alla piatta di ferro sottostante con profilati a "T" e angolari di ferro tutti mm 25x20. Rivestimento dei pianerottoli con tavole in rovere spessore mm 40. La prima rampa è rivestita con lastre di pietra serena. La scala, delimitata su un lato da un muro, sul lato opposto è racchiusa da pannelli di lamiera forata 20/10 intelaiati da tubolari a sezione quadrata mm 100x100x4. Illuminazione realizzata con tubi fluorescenti schermati da lastre di policarbonato intelaiate da una struttura in legno di rovere.

This stair provides vertical linkage between four floors of the building, and each flight has a steady slope of 38.7 degrees. The framework consists of two parallel girders, each one composed of three plates combined; the two outer ones are 10 mm thick and 120 mm high; the inner one 15 mm thick and 100 mm wide, and affords the support for the steps proper. The open steps have a gap of 20.3 cm and comprise oak treads measuring 80 by 28 cm and 25 mm thick, fixed to the central plate with T-brackets all 25x20 mm. The landings are laid with oak paneling 40 mm thick, whereas the first flight of steps is clad in tiles of pietra serena. The stair framework is bordered on one side by a wall and on the other by panels of perforated sheet metal 10/10 framed by surrounds of square tubing 100x100x4 mm. Illumination is provided by fluorescent lamps screened behind polycarbonate panels set into a system of oak frames.

32 [104]

progetto / project: arch. Gino Guarnieri
realizzazione / production: Arredamenti Arbusta, G.A. Costruzioni
abitazione privata / private house
1999. Villa d'Adda, Bergamo (Italy)

La scala collega i due livelli dell'edificio salendo nel soggiorno a doppia altezza lungo uno dei muri perimetrali.

Struttura portante d'acciaio composta da profilati metallici, annegati nella muratura di cemento armato, ai quali sono fissati meccanicamente telai di ferro a sbalzo che costituiscono la struttura interna dei gradini rivestita da cassonetti in legno di iroko. Corrimano in tubolare d'acciaio a sezione quadrata con finitura opaca tipo ferromicacea.

This staircase linking two levels of the building rises through the double-height living room along one of the perimeter walls. The steel structure made of sections embedded in the reinforced concrete wall is fitted with jutting frames providing the inner structure of the steps encased in iroko wood. Handrails in square tubular steel painted with an opaque micaceous finish complete the picture.

33 [106]

progetto / project: Krueck & Sexton Architects - arch.tti Ronald Krueck (design principle), Mark Sexton (project principle)
collaboratori / collaborators: arch.tti Miles Linblad (project architect), Ed Donley, Alex Sims
realizzazione / production: Fraser Construction, RR Ironworks
abitazione privata / private house
1992. Chicago (Illinois, USA)

La scala collega, unificando due unità originariamente distinte, gli ultimi due piani di un edificio residenziale progettato da Ludwig Mies van der Rohe. La struttura interamente realizzata in acciaio inox prevede un'unica trave laterale ancorata al colaio del piano superiore e a due colonne e simula soltanto l'appoggio alla pedana rivestita d'ebano al piano inferiore. Alla struttura sono agganciati con bulloni e ghiande d'acciaio inox i gradini, anch'essi composti da fasce d'acciaio digradanti unite fra loro strutturalmente, studiati come elementi a sbalzo di sostegno alle pedate la cui superficie è scanalata in modo da essere antiscivolo. La scala è stata trasportata in parti separate, montata in loco e solo successivamente levigata e lucidata.

This staircase was designed to link up two separate parts of the building, namely, the two upper floors of a residential complex designed by Mies van der Rohe. The framework entirely composed of stainless steel consists of a single lateral beam anchored to the sill of the upper story and to two columns, and merely simulates the support on the ebony-clad dais on the upper floor dais. Fixed to the structure with bolts and steel nuts are the steps, also composed of stepped bands of steel fastened together and designed as jutting elements supporting the treads, whose surfaces are cut with grooves for better purchase. The staircase was transported to the site in sections, assembled in place and subsequently planed and polished.

34 [110]

progetto / project: arch.tti Claudio Lazzarini, Carl Pickering
collaboratori / collaborators: arch.tti Giuseppe Postet, Fabio Sonnino
abitazione privata / private house
1998. Praha (Czech Republic)

Scala a chiocciola posizionata al centro dell'atrio d'ingresso per raggiungere lo studio posto alla quota del sottotetto. Cosciali costituiti da lastre di ferro cui sono saldate le lamine trapezoidali nello stesso materiale che costituiscono la base per i gradini. A esse sono avvitate le pedate in legno di rovere sbiancato opportunamente scanalate nella faccia inferiore per sovrapporsi e contenere le lamine stesse. La struttura di ferro è dipinta con pittura ferromicacea Ferroflake.

This spiral staircase is situated in the middle of the entrance and leads up to the study tucked into the house's loft. Welded to the iron flanks of the stair are sets of trapezoidal plates in the same material which compose the rests for the steps themselves; to these are fixed treads in bleached oak grooved on the base to allow an overlap and harbor the supporting plates. The iron framework is treated with a finishing coat of Ferroflake micaceous paint.

35 [114]

progetto / project: arch.tti Claudio Lazzarini, Carl Pickering

collaboratori / collaborators: arch.tti Giuseppe Postet, Fabio Sonnino
negozio / shop
1998. Praha (Czech Republic)

Scala a tre rampe, inserita in un vano rettangolare, di collegamento fra piano terra e interrato. Struttura realizzata con profilati di ferro a "L" mm 20x20 e mm 40x40 e a "T" mm 20x20 saldati. Pedate costituite da lastre di vetro sabbiato appoggiate alla struttura. Pianerottoli fra una rampa e l'altra e primo gradino dal basso di forma quadrata. Fra le rampe, verso l'interno del vano, basi d'appoggio rivestite in pietra. Parapetti costituiti da tubolari di ferro, a sezione rettangolare mm 40x20 e quadrata mm 40x40, a contenimento di lastre di vetro trasparente. Tutti gli elementi metallici sono finiti con pittura ferromicacea Ferroflake.

This staircase comprising three flights is contained in a rectangular room and links the ground level with the basement floor. The framework is composed of welded 20x20 mm L-beams and 40x40 mm T-beams; the treads are made of sanded glass and rest directly on the framework. The intermediate landings and platform preceding the first step are square in shape. The sections between the flights visible from below are clad in stone. The banisters made of a mixture of tubular iron oblong in section (40x20 mm) and square (40x20 mm) enclose panes of transparent glass. All the metal elements of the framework are treated with a finishing coat of Ferroflake micaceous paint.

36 [118]
progetto / project: arch.tti Claudio Lazzarini, Carl Pickering
esecutivi / executive project: Sopha Architects
realizzazione / production: Schmit Tradition
negozio / shop Fendi
1998. Paris (France)

La scala si sviluppa entro un vano rettangolare di m 3.6x5.6 e collega i tre piani del negozio. La struttura interna in tubolari di ferro naturale è completamente rivestita, come le pedate e le alzate, con lamine di ferro naturale trattato. Rampe di larghezza cm 140 con gradini di alzata cm 24 e pedata cm 30. Oltre alle rampe vere e proprie la struttura prevede anche una serie di espositori che le delimitano e le attraversano: piani o parallelepipedi vuoti sempre realizzati in tubolari di ferro rivestiti con lamine di ferro trattato. Parapetto costituito da lastre di vetro ultrachiaro o lamine di ferro. Corrimano realizzati con tubolari di ferro a sezione circolare.

The staircase rises through a rectangular space measuring 3.6 by 5.6 meters and connects three levels of the store. Together with the treads and risers, the inner structure of tubular natural iron is clad throughout in treated natural iron sheeting. The flights 140 cm wide support steps composed of treads 30 cm deep and risers of 24 cm. In addition to the flights themselves, the framework includes a set of display units that delimit and traverse the structure comprised of empty planes and parallelepipeds in tubular iron clad with treated iron plating. The banister is composed of clear glazing or sheets of iron, the handrail of round tubular iron.

37 [122]
progetto / project: arch. Roberto Lazzeroni
realizzazione / production: Dal Fabbro
abitazione privata / private house
1997. Pontedera, Pisa (Italy)

Le rampe che articolano la scala sono differenti per struttura e finiture. La prima, partendo dal livello inferiore, prevede due travi scanalate laterali unite con traversi d'acciaio sui quali sono inserite le pedate in legno d'acero. Parapetto in cristallo stratificato fissato alla soletta del pianerottolo fra le due rampe con perni d'acciaio. Corrimano costituito da due tubolari d'acciaio fissati alla parete. Seconda rampa con struttura in calcestruzzo. Pedate e alzate rivestite con lastre di marmo bianco greco Taxos. Parapetto in vetro stratificato finito con corrimano in legno di palissandro a sezione circolare.

This stair is composed of two separate flights each having a different structure and finish. The first flight ascends from the lower story and consists of two grooved beams joined with steel crossbars into which the oak steps are inserted; the banister comprise panes of layered crystal attached to the sill of the middle landing by means of steel plugs, while the handrail is made of two steel tubes anchored to the wall. The second ramp has a concrete structure; the treads and risers are faced in Greek Taxos marble; the banister is composed of layered glass panes crowned with a rounded handrail in fine rosewood.

38 [123]
progetto / project: arch. Gerhard Mahlknecht
realizzazione / production: Baumental
abitazione privata / private house
1996. Brunico, Bolzano (Italy)

Scala composta di due rampe, rispettivamente di tre e otto gradini in lamiera d'acciaio Fe 360, a collegare il piano del soggiorno con una passerella a esso soprastante alla quota di m 2.42. Scala e passerella in lamiera d'acciaio Fe 360 spessa mm 10; pedate e alzate costituite da un'unica lamiera piegata su se stessa. La passerella è sostenuta da montanti verticali in tubolari d'acciaio agganciati al soffitto. Molatura e verniciatura finale di tutta la struttura.

This staircase comprises two separate flights consisting respectively of three and eight steps each in Fe 360 steel sheeting, and runs from the living-room level up to a walkway running 2.42 meters overhead. Both the staircase and the walkway are in Fe 360 steel 10 mm thick; the treads and risers are formed from a single stretch of steel sheeting bent into shape. The walkway rests on uprights of tubular steel anchored to the ceiling; the surfaces of entire structure were milled and treated with a protective coat of paint.

39 [126]
progetto / project: Ico Migliore, Mara Servetto Architetti Associati
collaboratori / collaborators: arch. Giancarlo Baroni, Giovanna Lanza
realizzazione / production: Impresa Scandella
abitazione privata / private house
1993. Vergo, Milano (Italy)

Scala esterna che collega la terrazza del primo piano con il solarium soprastante. Struttura costituita da un longherone inclinato di metallo ancorato alla struttura portante in ferro dell'edificio. A esso sono saldate lamine di ferro alle quali sono avvitati i gradini in massello di legno lamellare di larice a sezione triangolare con angoli smussati. Struttura verniciata con smalto da esterno colore grigio-verde medio. Parapetto costituito da montanti verticali angolari di metallo saldati ad alcune flange dei gradini e da cavi d'acciaio tesati con tiracavi; corrimano in massello di larice.

This outdoor staircase connects the patio on the first floor with the sundeck above. The structure consists of a sloping stay of metal moored to thc iron load-bearing structure of the building; to this are welded iron plates to which are fixed a flight of steps in solid larch ply with a triangular section and rounded corners. The main structure is protected with a gray-green paint used for exteriors; the banister is composed of angular metal stanchions welded to several of the flanges on the steps, and fixed to steel cables held taut by tension clamps; the handrail is in solid larch wood.

40 [128]
progetto / project: arch. Andrea Milani
realizzazione / production: Alberti, Mario Minelli
abitazione privata / private house
1998. Siena (Italy)

L'elemento scala è parte di una struttura più complessa: una passerella aerea che unisce il soggiorno con il primo piano della torre medievale inglobata nell'edificio senza intaccare la muratura di pietra. Prima rampa in cemento armato trattato con malta cementizia bicomponente tirata con spazzola americana e finita con resina epossidica opaca. Scala con struttura costituita da due profilati di ferro sagomati sezione HEB 140 sui quali sono saldati i gradini: vassoi in lamiera spessore mm 20 colmati di cemento anch'esso trattato con malta cementizia bicomponente e resina epossidica opaca. Struttura della passerella, con piano di calpestio in grigliato metallico, costituita dagli stessi profilati della scala, sostenuta da una trave di ferro e da una mensola in iroko alloggiata nella buca pontaia originaria della torre. Sostegno del secondo tratto di passerella costituito dal pilastro/camino in cemento armato. I profilati di ferro hanno subito un processo di ossidazione naturale di 6 mesi. Corrimano della scala in tubolare metallico arrugginito; parapetto del percorso aereo costituito da profilati metallici arrugginiti e tondini d'acciaio lucido; i montanti verticali sono ancorati alle travi da bulloni (due in acciaio lucido e due ossidati). Sotto tutti gli elementi corre un tubolare d'acciaio lucido a contenimento dei cavi elettrici che devono raggiungere la torre così da evitare interventi sulle antiche murature.

The staircase is part of a composite assemblage consisting of an overhead walkway that links up the living room with the first story of a medieval tower assimilated into the building without jeopardizing the integrity of the original masonry. The first flight is in reinforced concrete treated with dual-component cement smoothed over and coated with a protective epoxy resin finish. The staircase is composed of two HEB 140-section iron beams to which the steps are welded; these consist in trays of sheeting 20 mm thick filled with concrete, similarly treated with dual component cement and an opaque epoxy resin finish. The walkway's landing is a perforated metal grid composed of the same type of sections used for the stairs and supported on iron girders and on a bracket made of iroko wood lodged in one of the tower's original scaffolding sockets. The iron sections were subjected to natural weathering for six months. The handrail is in pre-rusted tubular iron; the banister of the overhead walkway consists of pre-rusted metal sections and polished steel rods; the uprights are anchored to the main structural beams with four steel bolts (two polished, two oxidized). Below all the elements runs a polished steel tube containing the cabling up to the tower, so as to avoid interfering with the ancient masonry.

41 [131]
progetto / project: arch. Rosanna Monzini
realizzazione / production: Costacurta, Ma. Co. Edile, Metalvar
abitazione privata / private house
1987. Milano (Italy)

La scala si sviluppa all'interno di un ambiente di circa m 3.2x4.6 con la duplice funzione di collegare i tre piani dell'abitazione e di dare accesso alle scaffalature poste lungo le pareti perimetrali del vano, a ciascun piano. La struttura, composta da rampe parallele di larghezza cm 80 ciascuna, occupa la parte centrale del locale lasciando su ogni lato un corridoio di cm 80 per ospitare le passerelle sostenute da putrelle di ferro. Piani di calpestio, alzate e pedate dei gradini in lamiera forata di ferro (griglia cm 1x1) posata a 45°. Finitura delle parti metalliche con vernice antisdrucciolo colore grigio opaco. Ringhiera realizzata con tondini di ferro e corrimano in piattina di ferro.

The staircase rises up through a space measuring 3.2 by 4.6 meters and has the dual function of connecting the three stories of the apartment and of providing direct access to the bookshelves lining the perimeter walls on each floor. The framework is composed of parallel flights 80 cm wide and occupies the central area of the room, leaving a corridor free on each side 80 cm wide to accommodate the walkways supported on iron girders. The platforms, risers and treads of the steps are all in perforated metal sheeting (on a 1x1 cm grid) running at a 45° diagonal; the finish used for the metal parts includes a coat of opaque gray nonslip varnish; the banister is made of iron rods and the handrail of iron strip.

42 [134]
progetto / project: Moor Ferrari Gaggetta Architetti - arch.tti Stefano Moor, Mario Ferrari, Michele Gaggetta
calcoli strutturali / structural calculations: ing. Fulvio Pagnamenta
realizzazione / production: Bazzi, Galvolux, Gita, Morotti,

Poretti & Gaggini, Socedil
abitazione privata / private house
1999. Cureglia (Switzerland)

La scala è composta da due rampe parallele a un muro perimetrale a collegare tre piani di circa mq 32 ciascuno. La prima rampa di calcestruzzo in getto intonacato è addossata alla parete laterale e sale per m 2.79. I gradini hanno pedate rivestite con lastre di ardesia a spacco (cm 75.5x23x3.5) e alzate (cm 20) intonacate bianco. La seconda rampa, sempre di calcestruzzo in getto, intonacato, è staccata di pochi centimetri dalla parete laterale. Ha gradini con alzata di cm 20 intonacata bianca e pedate in massello di douglas (cm 66x23.5x3.5). Il primo gradino dal basso è interamente di legno. Il parapetto è costituito da una lastra di vetro, realizzata in tre pezzi, fissata con ancoraggi di ferro alle solette. Il parapetto sul lato corto dell'ultimo piano è costituito da tubolari d'acciaio a sezione rotonda fissati al muro e alla lastra di vetro.

This staircase is composed of two flights running parallel and a perimeter wall connecting three stories with an area of around 32 sq.m each. The first flight is in cast concrete with plaster finish, and hugs the lateral wall as it climbs for 2.79 meters; the steps are faced with slate (75.5x23x3.5 cm), and the risers (20 cm) in white plaster. The second flight, once again in plastered cast concrete, is set slightly away from the perimeter wall; the steps comprise risers 20 cm high in white plaster, and treads in solid Douglas pine (66x23.5x3.5 cm); the bottom step is entirely made of wood; the banister consists of a pane of glass in three sections fixed via iron stays to the sills above; the banister along the shorter wall of the first story is made of round tubular steel and fixed to the wall and the glass panes.

43 [137]
progetto / project: Moro & Moro Architetti - arch.tti Franco e Paolo Moro
collaboratori / collaborators: arch. Felice Turuani
realizzazione / production: Mondata & Martignoni
abitazione privata / private house
1994. Montagnola, Locarno (Switzerland)

Unica rampa lineare di larghezza cm 85, a coprire un dislivello di m 2.7, estesa per m 3.25 all'interno di un volume cilindrico con copertura a volta. Scala realizzata in multistrato di spessore cm 4 fissata alla muratura in mattoni BKS finita bianca con piattine (mm 40x25x4) inserite nelle pedate e fissate con bussole d'acciaio inox. Sul lato opposto il parapetto è realizzato con sospensioni in tondini d'acciaio inox filettati (Jakob Ø mm 5) agganciati con profili a "L" saldati di mm 70x45x5. Pedate (cm 25x85) e alzate unite con sistema a incastro e colla.

A single linear flight of steps 85 cm wide covering a rise in level of 2.7 meters and distance of 3.25 meters rises inside this cylindrical space covered with a vaulted roof. The staircase is composed of multi-layered material 4 cm thick fixed to the wall with BKS brick and finished white in strips (40x25x4 mm) laid into the treads and fixed with stainless steel bushings. On the opposite side the banister is suspended on threaded rods of stainless steel (Jakob Ø 5mm) fixed with welded L-bars 70x45x5 mm; the treads (25x85 cm), while the risers are mortised and glued together.

44 [138]
progetto / project: Moro & Moro Architetti - arch.tti Franco e Paolo Moro
realizzazione / production: Dario Baranzini, Edoardo Barzan, Paolo Laube, Niro Ceramic, Officine Ghidoni, Pollini
abitazione privata / private house
1988. Gordola, Locarno (Switzerland)

La scala percorre un'altezza di m 9, con rampe di altezza m 1.26 e larghezza cm 90, entro un vano largo m 1.9x2.1 contrassegnato da quattro colonne. Soffitto del vano scala finito con pannelli di compensato piegato. Struttura della scala in cemento armato a vista, con pedate e alzate rivestite in piastrelle di grès bianco. Parapetto costituito da piattine verticali fissate alla struttura al centro di ogni rampa cui sono saldati i tondini e il corrimano d'acciaio tubolare: tutto color antracite metallizzato. L'illuminazione

naturale del vano scala è garantita dalla fascia finestrata a tutt'altezza nella quale si alternano lastre di vetro opalino o trasparente; quella artificiale è risolta con faretti incassati a soffitto.

This staircase climbing a total height of 9 meters, comprised of ramps 1.26 meters high and 90 cm wide, ascends through a space measuring 1.9 by 2.1 meters that features four columns. The ceiling of the stair cell is lined with panels of bent plyboard. The staircase's structure is made of raw reinforced concrete, with treads and risers faced in white stoneware tiles. The banister is composed of vertical metal strips strung from the framework at the center of each flight, to which are welded the rods and handrail in tubular steel; all finishes are metalized anthracite. Natural light for the stairway is harnessed by the fenestrated band running full height, which alternates between panes of opaline and transparent glass; artificial light is provided by recessed downlights in the ceiling.

45 [141]
progetto / project: arch. Alan Gordon Morris
realizzazione / production: Lucio Bellesia
abitazione privata / private house
1998. Bologna (Italy)

Una sola rampa per raggiungere un piano soppalco a m 2.16 di altezza sulla zona giorno. La struttura è costituita da due piatti di acciaio paralleli, di spessore mm 10, ai quali sono saldati i supporti, sempre d'acciaio, a sostegno dei gradini di larghezza cm 48. Pedate in legno multistrato di pioppo verniciato trasparente, fissate alle basi con un incastro fresato così da avere una superficie piana nella faccia sottostante. Corrimano in tondino di ferro ancorato ai gradini, al soppalco e al soffitto. Parti metalliche finite con vernice antiruggine colore verde. La scala è bloccata con una base di ferro imbullonata a pavimento e con un unico bullone al soppalco.

This stair comprises a single flight of steps up to a mezzanine at a height of 2.16 meters above the living room level. The structure consists of two parallel steel plates 10 mm thick, to which the props are welded, also in steel, supporting steps 48 cm wide. Treads in poplar plywood with a clear varnish are fixed at their base to a joint milled to ensure a flush lower surface. The handrail of iron rod is anchored to the steps, to the mezzanine and to the ceiling. The metal parts are treated with a green rustproof finish. The foot of the staircase is moored to a iron base bolted to the floor, and via single bolt in the mezzanine.

46 [143]
progetto / project: arch. Fernando Cesar Mosca
realizzazione / production: Arredoquattro Industrie, Construtora do Infantado
negozio / shop O'espaço
1997. Lisboa (Portugal)

La scala di collegamento tra piano terra e primo sale a quota m 3.6 con 21 gradini. La struttura di ferro è costituita da un unico profilo I 180, scanalato, al quale sono saldate lamine di ferro spesse mm 20, a sostegno dei gradini. Tutto laccato bianco con smalto da carrozziere. Pedate in pietra arenaria portoghese crema pala levigata, spessore mm 60. Parapetto costituito da tubolari d'acciaio satinato fissati all'anima centrale di ferro della scala. Fra le due rampe, per un'altezza totale di m 7, sono posti pannelli verticali di legno finiti a foglia d'oro. Struttura e gradini di ferro sono stati prodotti a Lisbona, il parapetto e i pannelli dorati sono stati realizzati in Italia e assemblati in loco.

This staircase linking the ground floor and the first rises through 3.6 meters with 21 steps. The iron framework consists of a single, grooved I180 element, to which are welded the iron plates 20 mm thick supporting the steps proper. The entire structure is treated with white bodywork paint; the treads are made of smooth cream Portuguese sandstone tiles 60 mm thick; the banister is composed of brushed steel tubing fixed to the stairs' iron armature. Between the two flights a wooden panel finished in gold leaf rises vertically to a height of 7 meters. The framework and metal steps were manufactured in Lisbon; the banister and gilded panels were made in Italy and assembled on-site.

47 [144]
progetto / project: arch. Kris Mys - Mys&Bomans architectuurkantoor
collaboratori / collaborators: arch. Geert Clarysse
realizzazione / production: Ifec
abitazione privata / private house
1992. Antwerpen (Belgium)

La scala collega due piani di un appartamento salendo con andamento curvo dallo spazio aperto della zona living al livello superiore. Completamente realizzata in acciaio inossidabile spazzolato, è composta da singoli elementi successivamente assemblati con dadi e bulloni a creare gradini di pedata cm 26.5 e alzata cm 18 con profilo a "Z", per una larghezza totale della rampa di cm 120. Parapetto costituito da una lamina di spessore mm 5, alta circa cm 90, che asseconda nella parte inferiore la sagoma dei gradini cui è saldata. A esso è agganciato il corrimano che prosegue anche al piano superiore. Sul lato interno la fascia di chiusura costituita da un piatto d'acciaio di spessore mm 8, segue l'andamento a "Z" dei gradini nella sagoma superiore e ha un profilo continuo in quella inferiore. Rivestimento superiore dei gradini in poliuretano giallo medio.

This staircase connects two floors of an apartment, rising in a gentle curve through the open-plan living room up to the level above. Completely fashioned from satined stainless steel, the staircase is composed of individual parts successively assembled with nuts and bolts to create Z-shaped steps with a tread of 26.5 cm and riser of 18 cm each, and reaching a overall width of 120 cm. The banister is made from plating 5 mm thick and around 90 cm high, which for the lower tract of the staircase is shaped to follow the contour formed by the steps. To this is attached the handrail which continues up to the level above. On the inner side the flanks enclosing the steps comprise plates of steel 8 cm thick whose upper ridge follows the steps' zigzagging rhythm, while the lower one is linear; the treads are coated in a medium-tone yellow polyurethane finish.

48 [148]
progetto / project: arch.tti Aldo Parisotto, Massimo Formenton
collaboratori / collaborators: arch. Hanz P. Bornes
calcoli strutturali / structural calculations: ing. Cesare Valeri
realizzazione / production: Arredoquattro Industrie
abitazione privata / private house
1998. Volpago del Montello, Treviso (Italy)

Rampe realizzate con un unico nastro di lamiera grigia piegato agganciato a un sostegno annegato nella muratura laterale. Le pedate in legno di rovere trattato sono di larghezza inferiore rispetto a quella della lamiera in modo da evidenziarne il sottile spessore. Corrimano costituito da un piatto d'acciaio saldato alla struttura con montanti verticali o poggianti a pavimento. Parete di fondo parzialmente costituita da sassi di fiume facciavista.

The staircase is made from a single unbroken sheet of gray metal bent into shape and fixed to a support embedded into the wall alongside. The treads in oak are narrower than the metal sheet in order to emphasize their slightness. The handrail is composed of a steel strip fixed to the structure via uprights or props rising from the floor; the back wall is partially rusticated with pebbles.

49 [151]
progetto / project: arch.tti Aldo Parisotto, Massimo Formenton
calcoli strutturali / structural calculations: ing. Cesare Valeri
realizzazione / production: Ilario Mingardo
abitazione privata / private house
1995. Padova (Italy)

La scala, superando un dislivello di m 2.7, collega la zona giorno con la camera posta al piano superiore ed è collocata in un vano rettangolare di m 1.85x2.30. La struttura è costituita da due nastri d'acciaio brunito uniti da supporti orizzontali a essi bullonati, a creare un'unica rampa larga cm 75 che segue uno sviluppo elicoidale. I due cosciali sono fissati a pavimento e ancorati al solaio superiore. Le pedate, in legno di teak, sono fissate ai supporti metallici orizzontali. I parapetti sono realizzati con tubolari d'acciaio a sezione rotonda inseriti in appositi supporti saldati ai cosciali.

Covering a rise in level of 2.7 meters, this staircase linking the day area with the bedroom suite on the upper level ascends through a rectangular space measuring 1.85x2.30 meters. The structure itself consists of two strips of burnished steel joined by horizontal struts bolted at either side, creating a single flight 75 cm wide that spirals upward. The two flanks are fixed to the floor and anchored to the upper sill; the treads of teak are fixed to the horizontal struts; the banisters are made of round tubular steel inserted to customized supports welded to the flanks.

50 [154]
progetto / project: Pauhof Architekten - arch.tti Michael Hofstätter, Wolgang Pauzenberger
collaboratori / collaborators: Josef Hofstätter
realizzazione / production: Metallwerkstätte Hofstätter
abitazione privata / private house
1993. Gramastetten (Austria)

La scala è costituita da due rampe a superare un dislivello di m 3.8: la prima di soli tre gradini arriva a quota 0.00 d'ingresso, la seconda sale fino a m 3.26 a raggiungere la zona notte. Fanno parte della struttura anche due setti murari di cemento: il primo di altezza cm 115, costituisce il parapetto del pianerottolo, formatosi fra le due rampe, sospeso sul soggiorno ed è caratterizzato da una maglia regolare di fori circolari e da una cavità/contenitore profonda cm 44 ricavata nell'intradosso dei primi due gradini della seconda rampa. Il secondo, sempre di cemento, si sviluppa dalla quota più bassa a quella più alta dell'edificio. I gradini sono realizzati con pedate in blocchi di cemento a sbalzo, alti mm 60, sostenuti da elementi metallici annegati nella muratura laterale con alzate vuote di cm 17.2.

This staircase comprising two flights covers a rise in level of 3.8 meters; the first flight is composed of three steps, and reaches level with the entrance; the second climbs 3.26 meters to the sleeping quarters. The overall structure includes two concrete walls, the first 115 cm high forms the banister of the landing connecting the two flights suspended over the living room and has a regular pattern of perforations and a cavity/container 44 cm deep housed in the first two steps of the second flight. The second flight, also in concrete, extends from the lowest to the uppermost level of the building; the steps are formed by a series of jutting ledges 60 cm high held up by metal brackets embedded in the masonry, with empty risers of 17.2 cm.

51 [156]
progetto / project: arch. Gaetano Pesce
collaboratori / collaborators: Olafur Thordarson, David Bers, Patrick Rannou, Ivar Gudmundsson
negozio / shop Dujardin
1995. Bruxelles (Belgium)

La scala collega due piani del negozio salendo con tre rampe all'interno di un vano rettangolare. La struttura in cemento è stata ricoperta con resina di vari colori fatta colare irregolarmente come per i pavimenti e i tavoli. Parapetto costituito da pannelli di lamiera satinata piegata.

The staircase links up two floors of the store via two flights ascending through a rectangular space. The concrete structure is coated with a layer of resin of varying colors applied haphazardly for both floors and tables; the banister is composed of panels of bent plate with a satined finish.

52 [158]
progetto / project: Lee Harris Pomeroy & Associates
realizzazione / production: Metal Forms
abitazione privata / private house
1992. New York (New York, USA)

La scala sale lungo la parete di un ambiente circolare a collegare lo spazio di lavoro e studio nella parte inferiore con un livello superiore destinato alla lettura e al relax. La

struttura è costituita da lamine d'acciaio di spessore mm 13. Per adattarsi perfettamente alla geometria circolare del locale la scala è stata prodotta in piccoli pezzi montati direttamente in loco. Ciascun elemento, costituito da un'alzata e da due porzioni di pedata, è stato bullonato e saldato col successivo. Sui gradini sono state applicate pedate in legno di palissandro di larghezza inferiore a quella della struttura su cui, così, poggia il parapetto. Tubolari di ferro ancorati alla struttura soprastante sostengono il pianerottolo centrale.

The staircase travels up the wall of a circular room connecting the downstairs work zone and studio with the upper area reserved for reading and relaxation. The structure is composed of steel plates 13 mm thick. In order to mold itself with the circular geometry of the room the staircase was produced in small units and then assembled on-site. Each unit is composed of a riser and two portions of the tread and individually bolted and welded to the next. The steps are laid with strips of rosewood slightly narrower than the step proper, leaving room for the foot of the banister; the central landing is supported on tubular iron posts anchored to the structure above.

53 [160]
progetto / project: arch. Geoffrey Powis
realizzazione / production: AF Metals
abitazione privata / private house
1989. London (England, GB)

Le piccole scale collegano tre quote superando un dislivello tra l'una e l'altra di m 1.2. Pedate e alzate sono realizzate con fogli d'acciaio grezzi di spessore mm 10 tagliati al laser e pressopiegati. Gli elementi così composti sono fissati a pavimento e alle strutture dei soppalchi. Corrimano costituito da una lastra d'acciaio curvata, mm 5x60, saldata a un tubolare d'acciaio a sezione quadrata (mm 60x60) di sostegno anche per il soppalco.

These small staircases provide linkage between three floors, climbing a height of 1.2 meters each. Both treads and risers are made of sheets of raw steel 10 mm thick laser-cut and pressure-shaped; the elements thus composted are fixed to the floor and the structure of the mezzanine landings. The handrail is a plate of curved steel measuring 5 by 60 mm welded in place to a section of square steel tubing (60x60 mm) that provides support for the mezzanine.

54 [162]
progetto / project: arch. Smiljan Radic
edificio per uffici / building for office
1996. Chonchi, Isla Chiloé (Chile)

La scala, inserita nel volume centrale a tutt'altezza dell'edificio a due piani, raggiunge il primo piano superando un'altezza di m 2.5 e si sviluppa per una lunghezza di circa m 4.5. La struttura d'acciaio, costituita da due travi laterali a "L" e dalle basi per i gradini, è completamente rivestita di mañio, un'essenza lignea locale dalla superficie liscia e dai cromatismi giallastri. Parapetto costituito da montanti verticali in ferro e corrimano di legno a sezione tonda.

This staircase installed in the building's central two-story well climbs some 2.5 meters to the first floor and extends for around 4.5 meters. The steel framework composed of lateral L-shape beams and step base-plates is completely clad in mañio, a quality local wood that boasts a smooth surface and yellowish hue; the banister consists of iron uprights graced with a rounded wooden handrail.

55 [166]
progetto / project: Robbrecht & Daem Architecten - arch.tti Paul Robbrecht, Hilde Daem
realizzazione / production: Grillaert D.
abitazione privata / private house
1988. Knokke-Zoute, Knokke-Heist (Belgium)

La scala è costituita da due rampe parallele a collegare due livelli dell'abitazione. La struttura di sostegno è composta da due travi d'acciaio verniciate con fasce di chiusura a supporto delle pedate. La scala, che si appoggia a una parete, è inoltre ancorata al pavimento dei due livelli. In corrispondenza del pianerottolo di collegamento fra le due rampe le travi della struttura si raccordano a elemen-

ti verticali fissati con bulloni a una trave del soffitto. I primi due gradini dal basso sono di pietra arenaria, in continuità con una parte della pavimentazione, e disegnati come parallelepipedi regolari di differenti dimensioni, separati fra loro e dal resto della struttura, seguono la stessa inclinazione obliqua delle alzate. Gli altri gradini hanno alzate e pedate di legno compensato fissate alla struttura d'acciaio. Corrimani e parapetti sono realizzati con tubolari d'acciaio a sezione quadrata fissati alle pedate di legno.

The staircase consists of a pair of parallel flights of steps linking up two levels of the apartment. The support structure is composed of two painted steel beams with end bands supporting the treads. The unit is engaged to one of the walls and is also anchored to the floors on both levels. Level with the landing between the two flights the structural beams are joined via vertical elements fixed with bolts to a girder in the roof; the first two bottom steps are made of sandstone matching part of the flooring and designed as regular parallelepipeds of varying dimensions, detached from each other and from the rest of the structure and following the slanting angle of the treads. The other steps have risers and treads in plyboard fixed to the steel structure; the handrail and banisters are made of square tubular steel and grounded in the wooden treads.

56 [168]
progetto / project: arch. Marco Guido Savorelli
collaboratori / collaborators: arch.tti Paolo Armato, Michele Cazzani e Luca Mercatelli
realizzazione / production: Arredamenti Arbusta
Angela Pintaldi showroom
1998. Milano (Italy)

Scala posizionata all'interno di un piccolo vano compreso fra due murature portanti che collega il piano espositivo all'area soppalcata destinata a ufficio. Struttura autoportante interamente di ferro grezzo costituita da 2 lastre laterali e da 9 gradini. Pedate rettangolari, larghe quanto metà vano, saldate, sfalsate, ai supporti laterali. Piccolo pianerottolo semicircolare, sempre in ferro, di raccordo fra gradini e soppalco. Le singole componenti sono state assemblate in laboratorio con saldature a vista a costituire un pezzo unico successivamente messo in opera e fissato alle pareti laterali e alla soletta del soppalco.

This staircase wedged into a narrow space bordered by two load-bearing walls connects the display area to an upper floor allocated for office use. The independent structure entirely built in raw iron consists of two side sections and nine steps. The rectangular steps are half the width of the stair chamber and are welded, in a staggered arrangement, to the iron flanks on either side. A small semicircular landing again made of iron connects the steps and the mezzanine. The individual components were assembled in the workshop with raw welds, creating a single complete unit which was then moored to the side walls and the sill of the mezzanine.

57 [170]
progetto / project: arch. William Sawaya
collaboratori / collaborators: arch. Alfonso Martini
realizzazione / production: Officina Meccanica Rossi
showroom Sawaya & Moroni
1995. Milano (Italy)

La scala, posizionata all'interno di un vano rettangolare con pareti finite a idropittura bianca e gialla, collega i tre livelli dello showroom.
Rampe di larghezza cm 120, sostenute nella parte centrale da travi portanti d'acciaio trattato anti-ruggine, murate alle estremità, formate da due travi a "C" 16x7.5 e due lamiere di larghezza mm 200 e spessore mm 6/8. Sulle travi lamine d'acciaio e angolari 3x5, costituiscono la base per i gradini. Alzate (cm 15.5) e pedate (cm 31.5) in lamine d'alluminio industriale di larghezza cm 118, spessore mm 20. Tamponamenti laterali con spessori d'acciaio trattato antiruggine. Tra una rampa e l'altra gradini a "Callimassan". Corrimano in tubolare d'acciaio inox Ø mm 40 realizzato e adattato in loco.

This staircase inserted in a rectangular space having painted walls of white and yellow links the three levels of

a showroom. The flights 120 cm wide rest on central twin C-shaped 16x7.5 structural beams treated for rust; these are anchored to the walls at either end and fitted with two metal sheets 200 mm long and 6/8 mm thick. Attached to the beams are steel sections and 3x5 angular elements providing the supports for the steps; the risers (15.5 cm) and treads (3.15 cm) are in industrial aluminum laminate 118 cm wide and 20 mm thick.
The side bracing consists of section of rustproofed steel; Calimassan steps are used for connecting the flights; the handrail and banister are in 40 mm tubular stainless steel and customized on-site.

58 [173]
progetto / project: arch. Corrado Scagliarini
realizzazione / production: Paolo Cocchi, Ronchetti & Bergamini
abitazione privata / private house
1998. San Nicolò di Varignana, Bologna (Italy)

La scala collega cinque livelli dell'edificio costituiti ciascuno da un unico ambiente di mq 28. Dal piano interrato dove si svolge a chiocciola sale trasformandosi in un impianto elicoidale per i quattro piani fuori terra. Uno dei due pilastri strutturali in ferro ossidato Ø cm 10, posti in corrispondenza dei fuochi dell'ellisse, dalla cantina raggiunge il quarto piano. Ai due pilastri e alle lamiere che li congiungono seguendo l'andamento delle rampe, sono saldati telai costituiti da profilati di ferro a "L" basi per le pedate in massello di rovere ai quali sono avvitate. Esternamente i telai sono fissati al muro portante dell'edificio o saldati a profili verticali agganciati allo spessore del solaio soprastante.
Le pedate di legno sono frontalmente scanalate e i primi due gradini dal piano terra sono blocchi di marmo biancone di Verona. Corrimano e parapetti sono realizzati con tubolari di ferro saldati e lastre curvate di lamiera forata.

This staircase connects five separate levels of the building, each one covering a floor space of 28 sq.m. The stair emerges from the basement floor in the form of a spiral, and continues upward on an elliptical plan for the four stories above ground. One of the two structural piers in oxidized iron 10 cm in diameter rises vertically through the focus of each ellipse as far as the fourth floor. Welded to the two piers and to the sheet metal joining them along the path of the flights are frames constituted of L-shaped sections forming the base of treads in solid oak, to which they are bolted. On the outside the frames are fixed to the building's load-bearing wall, or welded to the vertical metal sections attached to the respective sill of the floor above.
The wooden treads are grooved along the front; the bottom two steps are made of blocks of white Verona marble. The handrails and banisters are fashioned from welded tubular iron and curved plates of perforated sheet metal.

59 [176]
progetto / project: Smith and Thompson Architects - arch.tti G. Phillip Smith, Douglas Thompson
realizzazione / production: David Johnson, David Smolen
abitazione privata / private house
1992. New York (New York, USA)

La scala che conduce alla zona notte, è costituita da una sola rampa con alzate e pedate in legno d'acero trattato con acido. Il sottoscala è attrezzato con cassetti e contenitori, dipinti secondo una tenue cromia di colori a differenziarne uso e contenuto; i frontalini posti su piani differenti fanno sì che i contenitori si possano aprire senza l'applicazione di maniglie. Corrimano in tubolare di ferro curvato lungo m 6 fissato a pavimento e alla parete laterale.

This staircase leading up to the sleeping quarters is composed of a single flight of steps with both risers and treads in treated maple. The space below the stairs is fitted out with containers of varying shades, angles, and dimensions, whose front panels are designed as to eliminate the need for handles. The handrail is a 6-meter section of curved tubular iron anchored to the floor and the side wall.

60 [177]
progetto / project: Smith-Miller + Hawkinson Architects - arch.tti Henry Smith-Miller, Laurie Hawkinson
collaboratori / collaborators: arch.tti Starling Keene, Randy Goya, Charles Renfro, Stephanie Tran
galleria d'arte / art gallery Rotunda
1993. New York (New York, USA)

La scala dalla quota d'ingresso scende verso lo spazio espositivo sottostante e sale a raggiungere la passerella sospesa di collegamento con gli uffici. L'accesso alle due rampe è anticipato da una porta a perno di legno chiaro che può chiuderne una delle due alternativamente. La scala è completamente realizzata in cemento grezzo. A metà della rampa ascendente la pedata in listello di legno chiaro è il prolungamento di un profilo annegato nella parete di cemento. Staffe d'acciaio imbullonate alla pedata di legno e a quelle di cemento reggono il parapetto costituito da lastre di vetro acidato, da montanti verticali e dal corrimano d'acciaio.

This staircase has two flights, one descending from the entrance level to the lower display area, the other rising to the suspended walkway leading to the offices. The staircases are preceded by a swiveling door in pale wood that can be positioned to allow access to either of the two flights. The entire system is made of raw concrete. Midway up the ascending flight a solid section of pale wood forms an extension of a metal section embedded into the support wall alongside; the uprights are bolted to the wooden treads while those in concrete hold up the banister composed of acid-etched glass panes supported by metal uprights and graced with a steel handrail.

61 [180]
progetto / project: Spatium - arch.tti Lorenzo Carmellini, Rocco Magnoli
progetto strutturale / structural project: ing. Francesco Ferrari Da Grado
realizzazione / production: Fantini Mosaici, Lavorazione Ferro, Lisar
boutique Gianni Versace
1999. Milano (Italy)

La scala collega cinque piani e si sviluppa entro un vano, preesistente la ristrutturazione, di circa m 4x2. Struttura metallica, incassata nella muratura, a sostegno delle mensole a sbalzo costituite da due profilati a "L" accoppiati tramite distanziatori di supporto ai gradini. Pedate in granito nero assoluto Belfast fissate agli elementi strutturali con spine metalliche e un collante specifico. Parapetto in vetro extrachiaro temperato di spessore mm 12, posizionato in asse alle rampe e fissato ai gradini tramite cilindri d'acciaio, ad assolvere anche la funzione di "catena" fra gli stessi. Lampade a incasso totale nelle pareti posizionate a circa cm 40 dalle pedate.

This staircase connects five floors and rises up through a space measuring 4 by 2 meters that pre-existed the alteration work carried out on the building. The stairs' metal framework embedded in the wall supports a series of jutting ledges composed of L-brackets, twinned with spacers, holding up the steps. Treads in black Belfast granite are fixed to the structural elements with metal pins and a patent adhesive. The banister in tempered super-clear crystal 12 mm thick is aligned with the flights and fixed to the steps with steel cylinders, serving as a strengthening device to insure stability. Illumination is provided by a string of spotlights deeply recessed 40 cm from each step.

62 [182]
progetto / project: Franco Stanghellini
collaboratori / collaborators: dott. Gabriele Bonamini (tecnologo del legno / wood technologist); Colombo Giunchi - Centro Italiano Calcolo (calcoli strutturali / structural calculations)
realizzazione / production: Loris Fantini, Gorza Attilio Legnami, Legnami Larese
centro salute / health center
1994. Predappio, Forlì (Italy)

Scala di diametro m 6.2, collocata entro un vano di m 15 d'altezza, con 57 gradini/rampa e 4 pianerottoli a collegare tre piani. Completamente realizzata con materiali naturali, la struttura non prevede l'utilizzo di alcun elemento metallico ma è costituita da 18 montanti con 4 spinotti l'uno, 2 mensole + un giunto prismatico, 8 spinotti per ciascuno dei 36 gruppi esterni e dei 18 interni. Per i gradini: 11 listelli e 78 spinotti ciascuno; circa altri 100 spinotti liberi e diversi listelli per i pianerottoli. Le rampe, fissate a una gabbia reticolare, sono composte da gradini dall'andamento sinusoidale per assecondare il movimento ondulatorio che si compie normalmente salendo una scala a chiocciola. I gradini sono realizzati con listelli posti di taglio per aumentarne la resistenza al fuoco e al carico, assemblati con spinotti di serie e preventivamente montati in laboratorio su un banco che riproduceva l'inclinazione della rampa in modo da definirne la curvatura e la conseguente piallatura. Su entrambi i lati parapetto costituito da corrimano sagomato posto su telaio di chiusura del fianco realizzato con due travi incrociate. Montanti verticali sporgenti inferiormente e superiormente oltre il parapetto. Tutti i componenti della scala sono stati tagliati e piallati in laboratorio, compresi gli spinotti (prismi ottagonali Ø cm 3, lunghezza media cm 18) arrotondati alle estremità per evitare rotture del legno al momento dell'incastro. In fase di progettazione sono stati predisposti modelli a scala reale per il collaudo e le prove di sicurezza. Il montaggio in loco è avvenuto dopo la numerazione delle componenti, affiancate provvisoriamente con viti poi sostituite dagli spinotti.

This staircase 6.2 meters in diameter is installed in a space 15 meters high, with 57 steps per flight and four landings connecting the three stories. Rigorously constructed with only natural materials, the structure does away with metal parts entirely and is composed of 18 uprights having 4 pegs each, 2 ledges with corresponding prismatic couplers; 8 pegs for each of the 36 outer units and 18 for the inner ones. The steps proper comprise 11 boards with 78 pegs each, plus around 100 assorted pegs and various boards for the landings. The flights are secured to a reticular framework and follow a winding path similar to that described by a spiral staircase. The steps are composed of boards laid edgeways to maximize fire resistance and load performance, held together with custom pegs; all the steps were pre-assembled in the workshop to simulate the slope of the flights and therefore determine the curve for planing each piece. On both sides rises a banister comprising a railing fitted to the flank sections of composed of crisscrossed beams; the banister stanchions extend above and below the banister itself. All the components of the staircase were cut and planed to shape in the workshop, including all the wooden pegs (octagonal prisms diam. 3 cm and 18 cm long), rounded at the ends to avoid splitting when driven home. During the design phase scale models were constructed to test for stability and safety; all pieces were duly numbered, screwed together for the purpose of transport, and then reassembled on-site with their respective custom wooden pegs.

63 [187]
progetto / project: Studio CBCR - arch.tti Roberto Bellotti, Corrado Catani
realizzazione / production: Coima
sede pilota / pilot showroom Audi, concessionaria / auto sales Carcomauto
1999. Milano (Italy)

La scala, dall'impianto ellittico, collega il piano terra al soppalco superando un dislivello di m 5 circa. La struttura autoportante, corredata da un pilastrino d'acciaio e vincolata al pilastro di calcestruzzo armato, prevede cosciali d'acciaio ad alta resistenza che non hanno funzione strutturale ma sono studiati per eliminare le vibrazioni tipiche di queste strutture. I gradini sono costituiti da vaschette strombate di lamiera pressopiegata saldate lateralmente ai cosciali. Le pedate sono in cristallo temperato a tre strati con interposte pellicole in P.V.B. bianco latte che, unitamente all'acidatura dei cristalli, contribuiscono alla diffusione della luce fluorescente posta all'interno del gradino. I cablaggi elettrici corrono all'interno dei cosciali. Dal momento che i gradini sono assimilabili a vere e proprie lampade sotto il profilo normativo si è dovuto provvedere a realizzare un prototipo al vero completo di tutte le componenti e sottoporlo a marcatura secondo le norme C.E. Parapetti realizzati su disegno in doppio piatto di ferro con distanziatori e viti di fissaggio inox, correnti orizzontali in tondino di ferro, corrimano tondo d'acciaio inox. La finitura di tutte le parti in ferro è realizzata con vernici ferromicacee color antracite.

This staircase of elliptical plan links the ground level with a mezzanine floor, covering a rise in height of around 5 meters. The independent structure consisting of a slender steel pillar attached to the main reinforced concrete pier is composed of high-performance steel flanks that have no structural purpose but effectively eliminate the oscillation typical of this kind of system. The steps comprise sets of flared trays in bent metal sheeting welded to the aforesaid flanks. The banisters are made of tempered three-ply crystal interspliced with layers of milky P.V.B. which, together with the acid surface treatment, spread the light emitted from fluorescent sources incorporated in each step. Cabling is neatly concealed in the flanks. Given the steps' dual function as lighting units, prototypes of all the components were made and duly submitted for approval by the E.C. norms office. The banisters are formed from two iron plates coupled with spacers and steel bolts, plus horizontal iron stays and a stainless steel handrail. All the parts in iron are finished with an anthracite mica-based protective coating.

64 [192]
progetto / project: Studio d'Architettura Simone Micheli
abitazione privata / private house
1995. Bastia Umbra, Perugia (Italy)

La scala collega tre piani sviluppandosi per un'altezza totale di metri 11 entro un vano rettangolare di m 3x4.2. L'orditura strutturale antisismica è completamente annegata nelle murature perimetrali. Le prime due rampe, di collegamento fra piano seminterrato e piano terra, sono in cemento armato e rivestite con lastre di pietra rosa di Assisi. Le due rampe successive hanno gradini a sbalzo la cui anima è costituita da profilati metallici a "T" connessi alla struttura. L'estradosso di ciascun gradino è tamponato con una scocca di gesso verniciata in colore rosa, la pedata è costituita da una lastra di pietra rosa d'Assisi, poggiante sulla struttura, anch'essa bloccata per alcuni centimetri nella muratura perimetrale. Il parapetto è costituito da pali calandrati d'acciaio spazzolato, profilati Ø cm 6 e 4 per i "rami" principali e Ø cm 2 per i "rami" di collegamento e sicurezza. I primi sono affogati nella struttura in cemento armato della rampa del piano sotterraneo e si sviluppano a tutt'altezza fino a raggiungere il solaio di copertura. Le pareti del vano scala sono finite a intonaco civile trattato con polvere di marmo e gesso e tirate con spazzola americana metallica.

This staircase links up three stories and climbs a total of 11 meters within a rectangular chamber measuring 3 by 4.2 meters. The quakeproof framework is completely embedded within the perimeter walls. The first two flights linking the basement with the ground floor are in reinforced concrete and faced with pink Assisi stone. The next two flights are composed of jutting steps resting on T-brackets moored to the structure. The upper part of each step is reinforced with rose-colored plaster, the tread proper is a tile of pink Assisi stone laid directly on the brackets and secured a few centimeters shy of the wall. The banister consists of calendered posts in brushed steel with a section of 6 by 4 cm for the main bars, and 2 cm in diameter for the ties and strengtheners. The former are sunk into the concrete of the steps of the basement and rise the full height to a point of anchorage in the roof. The walls of the chamber are finished in plaster textured with marble and smoothed over with a metal brush.

65 [196]
progetto / project: Studio d'Architettura Simone Micheli
realizzazione / production: Barberini Allestimenti
abitazione privata / private house
1998. Marotta, Ancona (Italy)

La scala collega il piano terra destinato a zona giorno ai due livelli soprastanti. La struttura di cemento armato, innestata nella muratura perimetrale, è completamente rivestita con pannelli di ciliegio massello, sia per le pedate sia per le alzate, fissati all'ossatura con collanti ecologici. Le pareti del vano scala sono rivestite con pannelli in legno d'acero decapato con giunti d'alluminio fissati alle pareti con stop a scomparsa. Al piano terra parete rivestita di specchio. Parapetto costituito da canne d'acciaio spazzolato, finite con vernice trasparente all'acqua, innestate sui gradini e sul soffitto con giunti metallici femmina. Parapetto della mansarda realizzato con lastre sagomate di vetro visarm satinato con disegni lineari, montate con elementi strutturali scatolari d'acciaio traforato innestati nella struttura in cemento armato.

This staircase connects the living-room area on the ground level to the two upper stories. The structure in reinforced concrete moored to the perimeter wall is completely paneled in solid cherry wood, including both the treads and the risers, which are fixed in place with special ecological adhesives. The walls of the enclosure upstairs are paneled in pickled maple with joints in aluminum fixed to the walls with concealed stops, whereas downstairs; the walls of the ground story are clad with mirrors. The banister is a composition of slanting cane-like rods of brushed steel finished in a coat of clear emulsion and anchored at top and bottom with hidden joint blocks; for the attic the banister is accompanied by plates of Visarm glass with and etched linear pattern and mounted in box-like structural elements of perforated steel moored to the reinforced concrete framework.

66 [199]
progetto / project: arch. Fabio Trentin
collaboratori / collaborators: arch. Federico Molina
realizzazione / production: Marzorati Ronchetti
abitazione privata / private house
1997. Milano (Italy)

Scala d'accesso al soppalco. Struttura portante costituita da putrella completamente annegata nel muro maestro laterale e profilati d'acciaio filettato di lunghezza cm 50 e Ø mm 25, saldati alla stessa. Gradini a sbalzo di pietra (cm 30x58x7) predisposti con due fori laterali Ø mm 27 per essere inseriti e sostenuti dai profilati d'acciaio. Nel punto d'innesto al muro la sezione del gradino è profilata in acciaio inox (vaschetta cm 31.2x8.3). Corrimano autoportante d'acciaio inox curvato, realizzato in doppio piatto (ciascuno mm 50x8) distanziato da barre trasversali Ø mm 15. Fissato al pavimento del primo livello con piastra d'acciaio, si collega al parapetto del soppalco con barra distanziometra Ø mm 30.

This structure of this staircase providing access to a mezzanine consists of a girder completely hidden within the support wall, to which are welded a series of threaded steel bars 50 cm long and 25 mm in diameter; their protruding ends fit into two holes 27 mm in diameter bored into the hidden side of steps of jutting stone slabs (30x58x7 cm), which are slightly encased in the wall in a steel surround (31.2x8.3 cm). Curving up the wall is an independent handrail in stainless steel composed of twinned metal plates (50x8 mm each) coupled by spacers 15 mm in diameter; the rail is fixed to the floor with a metal plate, and at the top to the mezzanine banister by a spacer bar 30 mm in diameter.

67 [202]
progetto / project: arch. Fabio Trentin
collaboratori / collaborators: arch. Carolina Suels
realizzazione / production: Marzorati Ronchetti
abitazione privata / private house
1995. Milano (Italy)

La scala sale dal secondo al terzo livello di un appartamento. La struttura portante è costituita da una putrella rivestita da una lastra d'acciaio inox lucido curvato. Sulla putrella poggiano i gradini autoportanti di rame piegato e fiammato e il corrimano in tubolare d'acciaio inox curvato.

This staircase climbs from the second to the third level of the apartment. Its support structure consists of a main girder encased in a plate of curved polished stainless steel. Fixed to the girder are the individual steps formed from bent copper, and a curved handrail of tubular steel.

68 [204]
progetto / project: arch. Fabio Trentin
collaboratori / collaborators: arch. Graziella Marzorati
realizzazione / production: Marzorati Ronchetti
abitazione privata / private house
1995. Milano (Italy)

Struttura di sostegno costituita da putrella d'acciaio celata nel parapetto per la prima rampa e affogata nella muratura per le due rampe successive. Alla putrella sono saldati profilati tondi d'acciaio filettato di lunghezza cm 50 e Ø mm 25, saldati alla stessa perpendicolarmente. I gradini in pietra sono predisposti con due fori laterali di Ø mm 27 per essere inseriti e sostenuti dai profilati d'acciaio; alzate di cm 19 circa. Nel punto d'innesto nel muro la sezione del gradino è profilata in acciaio inox. Corrimano d'acciaio inox curvato, realizzato in doppio piatto (ciascuno mm 70x10/50x8) distanziato da barre trasversali a sezione tonda e tiranti d'acciaio (Jakob Ø mm 4) con supporti a cono. Il corrimano si collega al parapetto in vetro del soppalco (h. cm 90), fuoriuscendo di cm 20 ed è agganciato ai gradini con montanti verticali fissati a barre trasversali e tondini d'acciaio avvitati alla faccia inferiore del gradino stesso. Parapetto della prima rampa costituito da due lastre sagomate d'acciaio inox riscaldato e lucidato unite superiormente da una fascia orizzontale di rame fiammato a esse saldata.

The support structure of this staircase consists of a steel girder concealed within the solid banister of the first flight, and then embedded in the wall for the rest of the ascent. Welded perpendicular to this girder are threaded steel rods 50 cm long and 25 mm in diameter. The stone steps carry holes in the side of 27 mm in diameter to allow insertion and support from the steel poles; the risers are around 19 cm. Where the steps are engaged to the wall they are fitted with a steel surround. The handrail is a broad curve of steel made from twinned plate (70x10/50x8 mm each) with round rods as spacers, and steel stays (Jakob Ø 4 mm) with cone supports; the handrail is linked to the glass banister of the mezzanine (h. 90 cm), protruding 20 cm, and is anchored to the steps via uprights fixed to the underside of the step itself, strung with upper crossbars and narrow steel rods. The sturdy banister of the first flight is composed of two contoured sheets of tempered polished steel capped with a broad band of flamed copper.

69 [207]
progetto / project: UdA ufficio di architettura - arch.tti Walter Camagna, Massimiliano Camoletto, Andrea Marcante
realizzazione / production: Oria & Ferreri Costruzioni
bar e ristorante / bar and restaurant Azimut
1994. Torino (Italy)

La scala, che collega due piani di un fabbricato industriale grazie a un varco quadrangolare aperto nel solaio, si compone di tre elementi autonomi: due rampe e una passerella che le collega. La prima rampa, che sale dal piano terra, è inserita in un involucro costituito da una struttura portante in ferro verniciato bianco e fasce in policarbonato alveolare di spessore mm 40, fissate a incastro e rinforzate da barre d'acciaio. La seconda rampa ha struttura portante realizzata con un profilo scatolare di ferro zincato sagomato sostenuto da tiranti fissati alle travi in cemento armato del soffitto del piano superiore. Pedate e alzate costituite da una superficie continua piegata con cerniere fissate con staffe alla struttura portante; ciascun elemento ha un'anima d'irrigidimento in lamiera di ferro zincata di mm 3 rivestita in multistrato di betulla di spessore mm 18, finito in laminato giallo. Parapetto costituito da pannelli in multistrato di betulla, rivestiti in laminato giallo, uniti fra loro con piastre di ferro zincato e fissati ai tiranti di sostegno della scala con staffe e bulloni. Fra le due rampe passerella con struttura portante a sbalzo realizzata con profili di ferro HEA 100 annegati nella muratura. Piano di calpestio costituito da soletta di cemento armato spessa cm 10, staccata dalla parete laterale e appoggiata ai profilati di ferro. Il parapetto, realizzato con montanti e corrimano di ferro scatolare e tondini di ferro verniciati trasparenti, è fissato alla soletta con tasselli.

This staircase, which rises through a rectangular opening made in the floor of a converted factory building, is com-

posed of three elements that include two separate flights of steps connected by a suspended landing. The first flight ascends from the ground level through an enclosure consisting of a support framework of white painted iron and bands of honeycomb polycarbonate paneling 40 mm thick, dovetailed and reinforced with steel bars. The second flight is composed of a zinc-plated iron box framework sustained by otayo fixed to the reinforced concrete beams in the ceiling of the floor above; the treads and risers are formed from a continuous undulating sequence of hinged steps fixed with bars to the framework; each element has an armature of zinc-plated 3 mm thick clad in multiply birchwood 18 mm thick coated in yellow laminate and joined with zinc-plated brackets and bolted to the stays of the stair. Connecting the two flights is a landing resting on cantilevers of HEA 100 iron lodged within the wall; its floor consists of a reinforced concrete sill 10 cm thick detached from the side wall and resting on iron beams; the banister comprises uprights and a handrail of iron, with iron rods painted in clear glaze, all fixed to the sill with dowels.

70 [210]

progetto / project: UdA ufficio di architettura - arch.tti Walter Camagna, Massimiliano Camoletto, Andrea Marcante
collaboratori / collaborators: arch.tti Giorgio Domenino, Davide Volpe
realizzazione / production: Ikos, Rigal
abitazione privata / private house
1998. Torino (Italy)

La scala collega il piano inferiore d'ingresso, destinato a zona notte, alla zona giorno del livello soprastante. La prima rampa è costituita da 10 gradini a sbalzo con anima metallica ancorata a contrafforti verticali fissati in aderenza al muro perimetrale, rivestiti esternamente ad un elemento in multistrato di betulla trattato con vernice trasparente antisdrucciolo, finitura frontale delle pedate in profilato d'acciaio inox lucido. Pianerottolo e ultimi due gradini con struttura in profilato metallico laccato bianco opaco (sezione mm 50x10) e piano di calpestio in cristallo stratificato visarm. Corrimano e montanti verticali in profilo metallico (mm 50x10) laccato bianco opaco saldato a filo continuo, struttura ancorata alla soletta mediante pinza di fissaggio in piastre d'acciaio inox lucido. Parapetto verticale dalla cucina sul vano costituito da una lastra di cristallo stratificato.

This staircase connects the lower entrance story accommodating the sleeping quarters, with the day area on the floor above. The first flight consists of ten steps jutting from the wall with metal ledges anchored to an armature within the perimeter wall, all faced in multiply birch treated with a transparent non-slip coating and finished at the front with a polished steel surround. The small landing and the two steps before it have painted metal surrounds (section 50x10 mm) with inserts of stratified Visarm crystal. Handrail and banister uprights are in metal (section 50x10 mm) painted matte white soldered to the framework, which is anchored to the sill via fixing pincers of polished steel plate. The vertical kitchen banister over the stairwell is made of stratified crystal.

71 [212]

progetto / project: arch. Edgar Vallora
collaboratori / collaborators: arch.tti Fausto Ghemi, Donatella Frè
calcoli strutturali / structural calculations: ing. Giorgio Siniscalco
realizzazione / production: Salgipa
abitazione privata / private house
1994. Moncalieri, Torino (Italy)

Scala a chiocciola di collegamento fra il primo e il secondo piano. È realizzata completamente in ferro per ridurre al massimo le sezioni portanti. Il parapetto, che l'avvolge integralmente salvo i primi tre gradini, è costituito da due lamine di ferro distanziate di pochi millimetri. Il corrimano in tubolare a sezione tonda risulta distaccato dal parapetto. Parapetto e corrimano sono fissati con bulloneria realizzata su disegno. Tutte le componenti della scala sono finite a smalto color latte.

This spiral staircase providing access from the first to the

second story is made entirely from iron in order to reduce the load-bearing sections. The banister encloses the entire flight bar the first two steps, and is made of two sheets of iron set a few millimeters apart; the handrail in round tubular steel is raised slightly from the banister; both the banister and handrail are fixed with custom-designed bolts. All the stairs' components are finished with a coat of milk-white paint.

72 [213]

progetto / project: arch. Edgar Vallora
collaboratori / collaborators: arch.tti Fausto Ghemi, Donatella Frè
calcoli strutturali / structural calculations: ing. Giorgio Siniscalco
realizzazione / production: Salgipa
abitazione privata / private house
1994. Moncalieri, Torino (Italy)

Scala costituita da due rampe uguali e simmetriche che salgono dal piano d'ingresso alla zona giorno dell'abitazione. Per ciascuna rampa due fascioni d'alluminio contengono le pedate in legno d'abete dipinto di bianco poggianti su piastre orizzontali. Parapetti costituiti solo da sottili montanti verticali, a sezione rettangolare, che per ancorarsi al fascione e poi sorreggere il mancorrente effettuano una rotazione "a farfalla" di 90°. Montanti e corrimano sono in alluminio, come i bulloni che servono a unire tutte le componenti della scala. Dal momento che l'alluminio non consente saldature né ritocchi in loco le strutture sono state interamente realizzate in officina e poi trasferite a destinazione.

These twin symmetrical staircases connect the entrance level with the apartment's day area on the floor above. For both flights two sheets of aluminum contain white-painted fir wood resting on horizontal plates; the banisters are composed of simple uprights of rectangular section anchored to the side sheeting and the handrail, and double back 90 degrees as they ascend like butterfly wings; the uprights and handrail are in aluminum, as are the bolts joining all the components of the staircase. Given that aluminum cannot be welded or adjusted on-site, the two structures were made in the workshop and subsequently installed in place.

73 [216]

progetto / project: Vincent Van Duysen Architects
realizzazione / production: Descamps Decoratie
negozio / shop Natan
1995. Bruxelles (Belgium)

La scala copre una lunghezza totale di m 9.1, per un'altezza di m 5.4, a collegare due livelli. È composta da due rampe lineari, con pianerottolo intermedio, per un totale di 26 gradini. Struttura in cemento armato con spessore minimo cm 12, strato superiore di cemento (spessore cm 4) e finitura di pedate e alzate con lastre di marmo greco modanate spessore cm 3. Estradosso finito a gesso bianco come le due pareti laterali che la delimitano.

This staircase covering a length of 9.1 meters and an ascent of 5.4 connecting two levels is composed of two linear flights with a landing in between and a total of 26 steps. The structure is in reinforced concrete 12 cm thick (min.), and an upper layer of cement 4 cm thick, with treads and risers finished in beveled tiles of Greek marble 3 cm thick. The extrados and the two enclosure walls are finished in plaster.

74 [218]

progetto / project: arch. Patrizia Zanella
collaboratori / collaborators: arch. Barbara Arnaboldi
realizzazione / production: Officina Veronesi
abitazione privata / private house
1995. Tradate, Varese (Italy)

Scala inserita in vano di m 1.86x2.36; muratura con inserti di vetrocemento e tavolato centrale curvo, lungo la parte mediana della rampa, finiti a gesso e tinteggiati bianco. Scala costituita da 16 pedate totali: le prime e le ultime quattro di forma rettangolare, misurano cm 70x25.7, le rimanenti 8 sono invece radiali. Alzate di cm 18.65 a coprire un'altezza totale di m 3.17. Struttura

costituita da cosciale inserito nella muratura più esterna del vano e longherone metallico di sostegno annegato nella muratura di supporto centrale. Gradini realizzati in lamiera pressopiegata verniciata di bianco. Corrimano in tubolare calandrato ottonato fissato a montanti verticali ciascuno costituito da piatti accoppiati di ferro verniciato bianco. La lamiera piegata, giunta in cantiere grezza e divisa in due parti, è stata assemblata e saldata sul posto. Provvisoriamente puntellata in corriopondenza del longherone centrale, è stata stabilmente ancorata alla soletta del primo piano e al muro portante laterale. Dopo la posa si è proceduto alla realizzazione dei tavolati del vano scala, quello centrale e quello più esterno all'interno del quale sono state murate le zanche del cosciale e gli inserti di vetrocemento. Fissaggio dei montanti del corrimano mediante saldatura all'angolare di raccordo tra la lamiera piegata dei gradini e la muratura di supporto centrale.

This stair ascends through a narrow enclosure measuring 1.86 by 2.36 meters; the walls boast an overall plaster finish painted white with glass block inserts and a curved central board defining the central section of the flight. The stair itself comprises 16 steps, the first and last four being rectangular (70x25.7 cm), and the other 8 radial, conforming with the curve; the risers measure 18.65 cm and the entire flight covers an ascent of 3.17 meters. The framework consists of a flank moored to the outer wall and a structural stanchion embedded in the central support masonry. The steps are made from bent sheet metal painted white; the handrail is in calendered brass-plated tubing fixed to uprights, each one made of coupled iron plates painted white. The sections of bent metal sheet were built in the workshop in two separate units, then assembled and welded together on-site.

75 [220]

progetto / project: arch. Andrea Zegna
collaboratori / collaborators: arch. Massimo Tabaro
realizzazione / production: Luigi e Luciano Fontana, Galli Alfredo & C., Edmondo e ing. Franco Monetti
studio-abitazione privata / office-private house
1996. Milano (Italy)

La scala, posta all'interno di un vano rettangolare, dal soggiorno raggiunge alcuni ambienti di servizio al piano sottostante. I gradini in cemento a sbalzo dalla muratura sono sostenuti da tubolari di ferro a sezione rettangolare, quasi completamente annegati nella pedata stessa, che fuoriescono dalla gabbia portante di cemento armato. Parapetto costituito da piattine di ferro saldate inferiormente alla fascia in ferro di finitura della soletta. Illuminazione del vano scala con faretti incassati nella muratura laterale.

This stair rises through a rectangular enclosure and connects the living room with a set of service rooms on the floor below. The concrete steps jutting from the masonry rest on square tubular brackets partially embedded in the step itself and anchored to the support structure moored within the reinforced concrete wall alongside; the banister is composed of iron plates welded at the bottom to the iron fascia of the sill; the staircase is illuminated by spotlights recessed into the side wall.

AF METALS
cessata attività

ALBERTI s.n.c.
Via Mergozzi 4
53100 Isola d'Arbia (SI)
Tel. 0577 385082 - Fax 0577 385484
[40]

ARREDAMENTI ARBUSTA s.n.c.
Via Don Minzoni
20029 Turbigo (MI)
Tel. 0331 871800
[32, 56]

ARREDOQUATTRO INDUSTRIE s.r.l.
Via Sarti 4
40054 Budrio (BO)
Tel. 051 802900 - Fax 051 802560
[46, 48]

DARIO BARANZINI
6512 Giubiasco - Canton Ticino (CH)
Tel. 0041 92 273754
[44]

BARBERINI ALLESTIMENTI s.r.l.
Strada Statale Val Cesano 24
60010 Ponterio di Monterado (AN)
Tel. 071 7950511 - Fax 071 7950482
barberini@barberiniallestimenti.it
[65]

EDOARDO BARZAN
Via Nessi 9
6600 Locarno - Canton Ticino (CH)
Tel. 0041 93 317066
[44]

BAUMETAL OHG
Via Stazione 19
39030 Fraz. Valdaora Mezzo, Valdaora (BZ)
Tel. 0474 498500
[38]

BAZZI SA
Via dei Pioppi 10
6616 Losone - Canton Ticino (CH)
Tel. 0041 91 6045335 - Fax 0041 91 6046886
[42]

BEDFORD IRONWORKS
323 Railroad Avenue
Bedford Hills, NY 10507 (USA)
Tel. 001 914 6669120 - Fax 001 914 6666604
[19]

LUCIO BELLESIA
cessata attività

BERTOLA s.r.l.
Via Roma 37
12030 Marene (CN)
Tel. 0172 742031
[17]

CARPENTERIA TICINO di Grassi e Mirati
Via Montello 15
21010 Sant'Antonio Ticino, Lonate Pozzolo (VA)
Tel. 0331 668165
[26]

GLENN CARTER Advanced Building Consultants
14422 SE 192nd Street
Renton, WA 98058 - 9401 (USA)
Tel. 001 253 6302400
[14]

CO.DE.CO. Compagnia delle Costruzioni
Via Brunetti 9
20156 Milano
Tel. 02 33404215 - Fax 02 38005625
[2]

PAOLO COCCHI Lavori in Ferro
Via Podgora 39
40062 Molinella (BO)
Tel. 051 6900327
[58]

COCFER s.n.c.
Via Molinetto di Voltri 3
16158 Genova
Tel. 010 6136381
[16]

COIMA s.p.a.
Corso Europa 87
Fraz. Zingonia - 24040 Ciserano (BG)
Tel. 035 882578
[63]

CONSTRUTORA DO INFANTADO
Centro Comercial de Portela
Armazèm 35 - Apartado 574
2689 Portela Codex (P)
Tel. 00351 1 9446539 - Fax 00351 1 9446338
[46]

COOPERATIVA MAVO s.c.a.r.l.
Via Pietramarina 65
50059 Sovigliana Vinci (FI)
Tel. 0571 902388 - Fax 0571 501248
[7]

COREM s.r.l.
Z.I. 2ª Strada 1ª fase
97100 Ragusa
Tel. e Fax 0932 667287
[31]

COSTACURTA s.p.a.
Via Grazioli 30
20161 Milano
Tel. 02 66202066
[41]

CUNEO INOX s.r.l.
Via Castelletto Stura 160 bis
12100 Cuneo
Tel. 0171 346165
[17]

DAL FABBRO di Corradini Romar
Via Menotti 38
56021 Latignano Cascina (PI)
Tel. 050 720001
[37]

DESCAMPS DECORATIE
Spoorwegstraat 6
8530 Stasegem (B)
Tel. 0032 5 6223737
[73]

DUTTO SEBASTIANO & C. s.n.c.
Via Fortice 9
12100 Cuneo
Tel. 0171 346643
[17]

EDILCO s.r.l.
Strada Statale 11
37060 località Presa - Sona (VR)
Tel. 045 8069078 - Fax 045 594637
www.edilco.it
info@edilco.it
[21, 22]

LORIS FANTINI
Via Capannaguzzo 1510
47023 Cesena (FO)
Tel. 0547 59610 - Cell. 336 348886
[62]

FANTINI MOSAICI
Via Meucci 19
20128 Milano

Tel. 02 27207092 - Fax 02 2567178
[61]

FERRETTI GIANCARLO & C. s.n.c.
Via del Lavoro 67/A
40033 Casalecchio di Reno (BO)
Tel. 051 6132320 - Fax 051 6114371
[1]

LUIGI E LUCIANO FONTANA
Via Galilei 60
20010 Cornaredo (MI)
Tel. 02 93560248
[75]

FORMENTO FILIPPO CARLO e C. s.n.c.
Via Calice 54
17024 Finale Ligure (SV)
Tel. 019 692426
[13]

FRASER CONSTRUCTION
8109 West Ogden Avenue, P.O. Box 95
Lyons, IL 60534 (USA)
Tel. 001 708 4473262 - Fax 001 708 4473365
fraserco@prodigy.net
[33]

G.A. COSTRUZIONI
Via Roma 7
20099 Sesto San Giovanni (MI)
Tel. 02 66049575
[32]

GALLI ALFREDO & C.
Via Moro 2
24050 Orio al Serio (BG)
Tel. 035 526934
[75]

GALVOLUX SA
Zona Strecce
6934 Bioggio - Canton Ticino (CH)
Tel. 0041 91 6045335 - Fax 0041 91 6046886
[42]

GARRONE & PACE di Garrone Carlo & C.
Via La Pieve 27
12074 Cortemilia (CN)
Tel. 0173 81537
[28]

GELMINI ANGELO e C.
Strada Statale del Brembo 525
24040 Osio Sopra (BG)
Tel. 035 505044
[23, 25]

FRANCO GIACHINO s.n.c.
Corso Einaudi 45
12074 Cortemilia (CN)
Tel. e Fax 0173 81503
[28]

FRANCESCO GIRARDI
Via Circonvallazione Nord 31
12100 Cuneo
Tel. 0171 412774
[17]

GITA SA
Via Boff 2
6855 Stabio - Canton Ticino (CH)
Tel. 0041 91 6473325 - Fax 0041 91 6472273
[42]

GLASSFER
Via San Maurizio 66
22036 Erba (CO)
Tel. 031 610344
[10]

GORZA ATTILIO LEGNAMI s.r.l.
Viale Vittorio Veneto 79

47100 Forlì
Tel. 0543 24204
[62]

GRILLAERT D.
Oosterzelestraat 36
9230 Wetteren (B)
Tel. 0002 0 0C00006
[55]

IFEC nv
3 Dascottelei
2100 Deurne (B)
Tel. 0032 3 4573299
[47]

IKOS
Via Principessa Clotilde 22
10100 Torino
Tel. e Fax 011 4730116
[70]

IMPRESA SCANDELLA
cessata attività

DAVID JOHNSON
42 Washington Avenue
Brooklyn, NY 11205 (USA)
Tel. 001 718 875799
[60]

KERN / ROCKENFIELD
178 Casson Place
Brooklyn, NY 11205 (USA)
Tel. 001 718 3207878
[6]

L.M.S. Lavorazioni meccaniche Sangiorgio
Viale Elvezia 16
20052 Monza (MI)
Tel. 039 322214
[9]

LA METALGROS di Grosso Lorenzo & C. s.n.c.
Via Umberto 4
12040 Margarita (CN)
Tel. 0171 792031
[17]

PAOLO LAUBE SA
Via Chiasso
6710 Biasca - Canton Ticino (CH)
Tel. 0041 92 722515 - Fax 0041 92 723929
[44]

LAVORAZIONE FERRO di Barbieri & C. s.n.c.
Via Galli 4
20030 Palazzolo Milanese (MI)
Tel. 02 9182145 - Fax 02 91089727
[61]

LEE CONSULTANTS
Beechwood Avenue and 2nd Street
New Rochelle, NY 10801 (USA)
Tel. 001 914 6326500
[6]

LEGNAMI LARESE s.r.l.
Via Faentina 286
48010 San Michele (RA)
Tel. 0544 414348
[62]

LISAR s.p.a.
Via Boccaccio 68/72
22070 Carbonate (CO)
Tel. 0331 821540 - Fax 0331 821420
[61]

LONGO FRATELLI
Discesa Bellavista 9
12100 Cuneo
Tel. 0171 692378
[17]

LUCIANO LUMINARI
Via Galileo Galilei 11
60019 Senigallia (AN)
Tel. 071 7926848
[12]

MA. CO. EDILE s.r.l.
Via Emanuele Filiberto 6
20149 Milano
Tel. 02 33105326
[41]

MARCELLO MARTINELLI
Via della Mantellina 1
50061 Rovezzano Fiesole (FI)
Tel. 055 690459 - Fax 055 6504707
[7]

MARZORATI RONCHETTI
Via Spazzi 16
22063 Cantù (CO)
Tel. 031 714147 - Fax 031 705060
info@marzoratironchetti.it
[3, 4, 5, 11, 15, 66, 67, 68]

METAL FORMS Inc.
35 Walker Street
New York, NY (USA)
Tel. 001 212 4316142
[52]

METALLWERKSTÄTTE HOFSTÄTTER GmbH
Türkstetten 76/A
4201 Gramastetten (A)
Tel. 0043 7239 6378
[50]

METALUM
340 Eastshore Road
Jamestown, RI (USA)
Tel. 001 401 8219944
[6]

METALVAR Divisione Impianti s.a.s. **di Crugnola M. & C.**
Via Rovera 42/A
21026 Oltrona al Lago - Gavirate (VA)
Tel. 0332 730102
[41]

MARIO MINELLI
Via Romana 13
53100 Ponte d'Arbia (SI)
Tel. e Fax 0577 370093
[40]

ILARIO MINGARDO
Via Liguria 3
35043 Monselice (PD)
Tel. 0429 73736
[49]

MONDATA & MARTIGNONI
6648 Melusio - Canton Ticino (CH)
Tel. 0041 91 7432049
[43]

EDMONDO E ING. FRANCO MONETTI
Via Paravia 15
20100 Milano
Tel. 02 48707422
[75]

MOROTTI SA
Via Stazione
6982 Agno - Canton Ticino (CH)
Tel. 0041 91 6054213 - Fax 0041 91 6055191
[42]

ANTONIO MARIO NICOSÌ
Via Papa Giovanni XXIII 8
97013 Comiso (RG)
Tel. e Fax 0932 961127
[31]

NIRO CERAMIC
Zona Industriale
6705 Cresciano - Canton Ticino (CH)
Tel. 0041 92 662653 - Fax 0041 92 662760
[44]

NUOVA VOLENO s.r.l.
Via Piattoli 5
20127 Milano
Tel. 02 2894631
[2]

OFFICINA MECCANICA ROSSI
Via Torino 3
20032 Cormano (MI)
Tel. 02 6151110
[57]

OFFICINA VERONESI
cessata attività

OFFICINE GHIDONI
Via al Pizzante 9
6595 Riazzino - Canton Ticino (CH)
Tel. 0041 92 641776
[44]

ORIA & FERRERI COSTRUZIONI
Via Carlo Alberto 30
10121 Torino
Tel. 011 5052000 Fax 011 6130385
[69]

PINO di Olgiati Giuseppe
Via Carzole 15
43036 Fidenza (PR)
Tel. 0524 525766
[13]

POLLINI
Via Pioda 15/17
6604 Locarno - Canton Ticino (CH)
Tel. 0041 93 319650 - Fax 0041 93 319796
[44]

PORETTI & GAGGINI SA
Via al Fiume 1
6930 Bedano - Canton Ticino (CH)
Tel. 0041 91 9352010 - Fax 0041 91 9352025
[42]

TULLIO RAFFINETTI
Strada Carretta 41/b
27045 Casteggio (PV)
Tel. 0383 805422
[20]

RIGAL s.n.c.
Via Friedrich Nietzsche 171
10132 Torino
Tel. e Fax 011 8990386
[70]

ROMEO MARMI di Giuseppe & Figli
Contrada Bosco Piano
97019 Vittoria (RG)
Tel. 0932 867734 - Fax 0932 867864
[31]

RONCHETTI & BERGAMINI
Via Turati 13
Fraz. Quarto Inferiore - 40057 Granarolo dell'Emilia (BO)
Tel. 051 768398
[58]

RR IRONWORKS
1500 East Dearborn Avenue, Suite 16
Aurora, IL 60507 (USA)
Tel. 001 630 8985231 - Fax 001 630 8985346
[33]

RUSCONI FRATELLI
Via Porta 54
22036 Erba (CO)

Tel. 031 611529
[10]

S.C.I.A. di Gianotti Michele e C.
Via Lanzone 23
20123 Milano
Tel. 02 8056339
[24]

SALGIPA
Via Fossata 23
10154 Torino
Tel. 011 280988
[71, 72]

SCHMIT TRADITION
F. Schmit Group
5 rue du Maillet - Z.I. du linkling, BP 60099
57102 Thionville, Cadex (F)
Tel. 0033 03 82594790 - Fax 0033 03 82594799
commercial@schmit-industrie.fr
[36]

DAVID SMOLEN
P.O. Box 156
Deposit, NY 13754 (USA)
Tel. 001 607 4672572
[59]

SOCEDIL SA
Via Trevano 39
6900 Lugano - Canton Ticino (CH)
Tel 0041 91 9723807 - Fax 0041 91 9726234
[42]

SOPHA ARCHITECTS
33 rue de Suréne
75008 Paris (F)
Tel. 0033 01 42652773
[36]

CLAUDIO SPADONI SANTINELLI s.r.l.
Via Lago di Bolsena 2
60019 Senigallia (AN)
Tel. e Fax 071 7921077
[12]

TECNOFER
Via Guido Rossa 27
20013 Magenta (MI)
Tel. 02 97299828
[9]

SANTO VICENTINI Infissi, Ferro, Alluminio
Via Ca' Madre 59
37063 Isola della Scala (VR)
Tel. 045 7301311
[8]

A MDL ARCHITECTURES - MICHELE DE LUCCHI
Via Pallavicino 31
20145 Milano
Tel. 02 430081 - Fax 02 43008222
amdl@amdl.it

ALDREA
Via Lodovico il Moro 27
20134 Milano
Tel. 02 891651 - Fax 02 89165260
progettazione@aldrea.it

RON ARAD ASSOCIATES
62 Chalk Farm Road
London NW1 8AM (GB)
Tel. 0044 20 72844963 - Fax 0044 20 73790495
info@ronarad.com

ASFOUR GUZY ARCHITECTS
Edward Asfour, Peter Guzy
594 Broadway - Suite 1204
New York, N.Y. 10012 (USA)
Tel. 001 212 3349350 - Fax 001 212 3349009

DANIELA BIANCHI, ALESSANDRO MARCATTILJ
Piazza Donatello 27
50132 Firenze
Tel. 055 582628 - Fax 055 572131

CALVI MERLINI MOYA
Luisa Calvi, Mauro Merlini, Carlos Moya
Via San Michele del Carso 24
20144 Milano
Tel. 02 460413 - Fax 02 4390985

EMILIO CARAVATTI
Via Spluga 10
20052 Monza (MI)
Tel. 039 327425 - Fax 039 2319385
emc2studio@hotmail.com

MARCO CASTELLETTI
Via Turati 3
22036 Erba (CO)
Tel. 031 645600 - Fax 031 646633

ACHILLE CASTIGLIONI
Piazza Castello 27
20121 Milano
Tel. 02 8053606 - Fax 02 8053623

FABIO MARIA CECCARELLI, MICHELE GASPARETTI
Corso 2 Giugno 46
60019 Senigallia (AN)
Tel. 071 60534 - Fax 071 60933
cekkarel@tiscalinet.it
davide.mancini@fastnet.it

MARCO CIARLO
Piazza Garibaldi 2/2
17014 Cairo Montenotte (SV)
Tel. 019 503730

ERIC COBB ARCHITECTS
911 Western Avenue 318
Seattle, WA 98104 (USA)
Tel. 001 206 2870136 - Fax 001 206 2339742
www.cobbarch.com
ecobb@cobbarch.com

TONI CORDERO
deceduto

ANGELO CORE, ESTER MANITTO
Studioprogetto
Via dei Vacciuoli 22 R
17100 Savona
Tel. 019 8489460 - Fax 019 8385490
www.studioprogetto-design.it
info@studioprogetto-design.it

DUILIO DAMILANO
Via Sette Assedi 2/A
12100 Cuneo

Tel. e Fax 0171 695498
damilano@libero.it

CHRISTIAN DE GROOTE
Merced 22 Of. 801
Santiago (CHILE)
Tel. 0056 2 6330351 - Fax 0056 2 6396608

FRANCOIS DE MENIL ARCHITECT
21 East 40th Street
New York, N.Y. 10016 (USA)
Tel. 001 212 7793400 - Fax 001 212 7793414
fdemenil@fdmarch.com

JONATHAN DE PAS, DONATO D'URBINO, PAOLO LOMAZZI
ora **Studio D'Urbino Lomazzi**
Corso XXII Marzo 39
20129 Milano
Tel. 02 76110543 / 02 70100513 - Fax 02 70101729
durbilom@tin.it

DONATO D'URBINO: vedi **JONATHAN DE PAS, DONATO D'URBINO, PAOLO LOMAZZI**

EDILCO s.r.l.
Strada Statale 11
37060 Località Presa - Sona (VR)
Tel. 045 8069078 - Fax 045 594637
www.edilco.it
info@edilco.it

LUIGI FERRARIO
Via Castelfidardo 10
20121 Milano
Tel. 02 6572806 - Fax 02 62912053
luigiferrario@luigiferrario.it

MARIO FERRARI: vedi **MOOR FERRARI GAGGETTA ARCHITETTI**

PETER FORBES AND ASSOCIATES
70 Long Wharf
Boston, MA 02110 (USA)
Tel. 001 617 5235800 - Fax 001 617 5235810

MASSIMO FORMENTON: vedi **ALDO PARISOTTO, MASSIMO FORMENTON**

GA ARCHITETTI ASSOCIATI
Giampiero Bosoni, Luca Ranza
Via Aosta 2
20155 Milano
Tel. 02 33600338 - Fax 02 33104525
studioga@flo.it

GABELLINI ASSOCIATES
Michael Gabellini Architect & Associates
665 Broadway
New York, N.Y. 10012 (USA)
Tel. 001 212 3881700 - Fax 001 212 3881808
gabellini@aol.com

MICHELE GAGGETTA: vedi **MOOR FERRARI GAGGETTA ARCHITETTI**

MICHELE GASPARETTI: vedi **FABIO MARIA CECCARELLI, MICHELE GASPARETTI**

MARIA GIUSEPPINA GRASSO CANIZZO
Via Magenta 123
97019 Vittoria (RG)
Tel. e Fax 0932 864755
maggc@tin.it

GINO GUARNIERI
Via Boschetto 2
24030 Villa d'Adda (BG)
Tel. 035 784169 - Cell. 335 8158087

KRUECK & SEXTON ARCHITECTS
Ronald Krueck, Mark Sexton
221 West Erie Street
Chicago, IL 60610-3125 (USA)
Tel. 001 312 7870056 - Fax 001 312 7878415

CLAUDIO LAZZARINI, CARL PICKERING
Via Cola di Rienzo 28
00192 Roma
Tel. 06 3210305 - Fax 06 3216755
studio.lazzarini-pickering@archiword.it

ROBERTO LAZZERONI
Via Cei 125 - P.O. Box 137
56121 Cascina (PI)
Tel. 050 701457 - Fax 050 710079
studiolazzeroni@hint.it

PAOLO LOMAZZI: vedi **JONATHAN DE PAS, DONATO D'URBINO, PAOLO LOMAZZI**

GERHARD MAHLKNECHT
Via Bruder Willram 23
39031 Brunico (BZ)
Tel. 0474 410604

ESTER MANITTO: vedi **ANGELO CORE, ESTER MANITTO**

ALESSANDRO MARCATTILJ: vedi **DANIELA BIANCHI, ALESSANDRO MARCATTILJ**

ICO MIGLIORE, MARA SERVETTO ARCHITETTI ASSOCIATI
Via Col di Lana 8
20136 Milano
Tel. e Fax 02 89420174
migliore.servetto@galactica.it

ANDREA MILANI
Via Castelvecchio 25
53100 Siena
Tel. 0577 226465
amilani@iol.it

ROSANNA MONZINI
Via Cappuccio 17
20123 Milano
Tel. 02 863422 - Fax 02 8052945
giraboni@tin.it

MOOR FERRARI GAGGETTA ARCHITETTI
Stefano Moor, Mario Ferrari, Michele Gaggetta
Stefano Moor
Via Luini 3
6900 Lugano - Canton Ticino (CH)
Tel. 0041 91 9225533
Mario Ferrari, Michele Gaggetta
Centro Morenal 2/B
Monte Carasso - Canton Ticino (CH)
Tel. 0041 91 8574401 - Fax 0041 91 8575174

MORO & MORO ARCHITETTI
Franco e Paolo Moro
Piazzetta dei Riformati 3
6600 Locarno - Canton Ticino (CH)
Tel. 0041 91 7522930 - Fax 0041 91 7519830
moro-moro@bluewin.ch

ALAN GORDON MORRIS
Via Acri 15
40126 Bologna
Tel. e Fax 051 226097
ded0795@iperbole.bologna.it

FERNANDO CESAR MOSCA
Via dell'Annunciata 27
20121 Milano
Tel. 02 6598550 - Fax 02 6598736
fmosca@iol.it

KRIS MYS
Mys&Bomans architectuurkantoor
13 Cobdenstraat
2018 Antwerpen (B)
Tel. 0032 3 2303484
Kris.Mys@pi.be

ALDO PARISOTTO, MASSIMO FORMENTON
Via Sauro 15
35139 Padova

Tel. 049 8755255 - Fax 049 661168
studio.fp@iol.it

PAUHOF ARCHITEKTEN
Michael Hofstätter, Wolgang Pauzenberger
Ramperstorffergasse 2/A
1050 Wien (A)
Tel. 0043 1 4021245
office@pauhof.com

GAETANO PESCE
543 Broadway
New York, NY 10012 (USA)
Tel. 001 212 9410280 - Fax 001 212 9410106
www.gaetanopesce.com
info@gaetanopesce.com

CARL PICKERING: vedi **CLAUDIO LAZZARINI,**
CARL PICKERING

LEE HARRIS POMEROY & ASSOCIATES
462 Broadway
New York, NY 10013 (USA)
Tel. 001 212 3342600 - Fax 001 212 3340093

GEOFFREY POWIS
14 Queensborough Mews
Queensborough Passage
London W23SG (GB)
Tel. 0044 20 72292552 - Fax 0044 20 72292570
gpowis@btinternet.com

SMILJAN RADIC
Pedro de Valdivia 1115 dpto. 202
Providencia, Santiago (CHILE)
Tel. 0056 02 3358349
a.radic@entelchile.net

ROBBRECHT & DAEM ARCHITECTEN
Paul Robbrecht, Hilde Daem
Kortrijksesteenweg 777 b
9000 Gent (B)
Tel. 0032 9 2220116 - Fax 0032 9 2226276
info@robbrechtendaem.com

MARCO GUIDO SAVORELLI
Via Vigevano 15
20144 Milano
Tel. e Fax 02 8372048

WILLIAM SAWAYA
Via Andegari 18
20121 Milano
Tel. 02 86395231 - Fax 02 86464831
www.sawayamoroni.com
sawaya-moroni@apm.it

CORRADO SCAGLIARINI
Via del Borgo di San Pietro 28
40126 Bologna
Tel. 051 249113 - Fax 051 247516
coscagl@tin.it

MARA SERVETTO: vedi **ICO MIGLIORE, MARA SERVETTO**
ARCHITETTI ASSOCIATI

SMITH AND THOMPSON ARCHITECTS
Phillip Smith, Douglas Thompson
501 West 23rd Street
New York, NY 10011 (USA)
Tel. 001 212 9244358 - Fax 001 212 9248917
SmithTh1@aol.com

SMITH-MILLER + HAWKINSON ARCHITECTS
Henry Smith-Miller, Laurie Hawkinson
305 Canal Street
New York, NY 10013 (USA)
Tel. 001 212 9663875 - Fax 001 212 9663877

SPATIUM
Lorenzo Carmellini e Rocco Magnoli - Studio associato di
Architettura
Via Vincenzo Monti 25
20123 Milano

Tel. 02 4390267 - Fax 02 48008498
segr.dept@spatium.it

FRANCO STANGHELLINI
Via Maioli 4
47100 Forlì
Tel. 0543 34547

STUDIO CBCR
Roberto Bellotti, Corrado Catani
Via Stilicone 21
20154 Milano
Tel. 02 34938185 / 02 34938193 - Fax 02 31801245
cbcr@cubalibre.it

STUDIO D'ARCHITETTURA SIMONE MICHELI
Via Novelli 43
50135 Firenze
Tel. 055 605679 / 055 600188 - Fax 055 619245
www.simonemicheli.com
simone@simonemicheli.com

FABIO TRENTIN
Foro Bonaparte 63
20121 Milano
Tel. 02 72096656 - Fax 02 72094296
fabiotrentin@tiscalinet.it

UDA UFFICIO DI ARCHITETTURA
Walter Camagna, Massimiliano Camoletto,
Andrea Marcante
Via Valprato 68
10155 Torino
Tel. 011 2489489 - Fax 011 2487591
www.uda.it
uda@uda.it

EDGAR VALLORA
Piazza Castello 18
20121 Milano
Tel 02 72004402 - Fax 02 72011006
edgar.vallora@tiscalinet.it

VINCENT VAN DUYSEN ARCHITECTS
Lombardenvest 34
2000 Antwerpen (B)
Tel. 0032 3 2059190 - Fax 0032 3 2272265
architects@vanduysen.be

PATRIZIA ZANELLA
Piazza XXIV Maggio 10
20123 Milano
Tel. 02 4693038 - Fax 02 43988299
patza@tin.it

ANDREA ZEGNA
Viale Bligny 39
20136 Milano
Tel. 02 58307913 - Fax 02 58308812

Copertina anteriore e posteriore | Front and back cover:
Alberto Emanuele Piovano

Beppe Caggi: p. 180
Santi Caleca: pp. 14, 15; 23/25; 100/102; 122; 170/172
Tiziano Canu - Maria Luisa Bonivento: pp. 34/36
Manuela Cerri: pp. 212; 213, 214
Emilio Conti: pp. 207/209; 210, 211
Alessandro Corsini: pp. 31, 02
Paola De Pietri: pp. 128/130
Margherita Del Piano e Claudio Navone: pp. 123/125
Donato Di Bello: pp. 126, 127
Edilco: pp. 71, 72; 73/76
Fausto Fabbri: pp.182/184, 185 (in alto a destra)
Alberto Ferrero: pp. 46/48; 143; 156, 157
Olimpia Lalli: p. 185 (in alto a sinistra e in basso)
Giulio Oriani - Vega MG: pp. 13 e 222 (foto 2); 18/21; 26, 27; 43/45; 53, 54; 199, 200; 202, 203; 204/206
Matteo Piazza: pp. 13 e 222 (foto 6); 16, 17; 56, 57; 68, 69; 91, 92; 104, 105; 110/113; 114/116; 118, 119; 154, 155; 160, 161; 168, 169; 173/175; 187/190
Alberto Emanuele Piovano: pp. 49, 50; 58/60; 62/66; 78/80; 82, 83; 84, 85; 141, 142; 144/147; 162/165; 166, 167; 216, 217; 218, 219
Paolo Robino: pp. 86, 87
Filippo Simonetti: pp. 13 e 222 (foto 1); 37/41; 134, 135; 137; 138, 139
Studio Ballo: pp. 131, 132
Paolo Utimpergher: pp. 148/150; 151, 152
Paul Warchol: pp. 13 e 222 (foto 3, 4, 5); 28/30; 51, 52; 67; 88/90; 93, 94; 96/99; 106/108; 158, 159; 176; 177/179
Gionata Xerra: pp. 220, 221
Andrea Zani: p. 33
Paolo Zitti: pp. 192/194; 196, 197

Fotolito: Grafiche San Patrignano - Rimini
Stampa: Euroteam - Nuvolera (BS)
Legatura: Pedrelli - Parma